本书为 2021 年重庆市教育委员会人文社会科学研究项目：全球治理视阈下语言＋技术传播人才培养的理论与实践研究（项目编号：21SKGH075）和 2021 年重庆市研究生教育教学改革研究项目："新基建"驱动下"英语技术写作"线上线下项目式教学模式研究（项目编号：yjg213086）的研究成果。

# 高校英语教学改革与复合型英语人才培养研究

王 怡 著

北京工业大学出版社

图书在版编目（CIP）数据

高校英语教学改革与复合型英语人才培养研究 / 王怡著． — 北京：北京工业大学出版社， 2022.1
　ISBN 978-7-5639-8246-2

Ⅰ．①高… Ⅱ．①王… Ⅲ．①高等学校－英语－教学改革－研究－中国 Ⅳ．① H319

中国版本图书馆 CIP 数据核字（2022）第 026922 号

## 高校英语教学改革与复合型英语人才培养研究
GAOXIAO YINGYU JIAOXUE GAIGE YU FUHEXING YINGYU RENCAI PEIYANG YANJIU

**著　　者**：王　怡
**责任编辑**：李倩倩
**封面设计**：知更壹点
**出版发行**：北京工业大学出版社
　　　　　　（北京市朝阳区平乐园 100 号　邮编：100124）
　　　　　　010-67391722（传真）　　bgdcbs@sina.com
**经销单位**：全国各地新华书店
**承印单位**：唐山市铭诚印刷有限公司
**开　　本**：710 毫米 ×1000 毫米　1/16
**印　　张**：11.25
**字　　数**：225 千字
**版　　次**：2023 年 4 月第 1 版
**印　　次**：2023 年 4 月第 1 次印刷
**标准书号**：ISBN 978-7-5639-8246-2
**定　　价**：72.00 元

版权所有　　翻印必究

（如发现印装质量问题，请寄本社发行部调换 010-67391106）

## 作者简介

王怡，男，1982年10月生，重庆合川人，博士，副教授。重庆邮电大学外国语学院英语系副主任，技术传播类特色课程群负责人。主要研究方向：技术写作与传播、技术翻译、认知语言学。

# 前　言

近年来，随着经济全球化的发展，高校英语教学虽取得了良好的成绩，但仍然存在一些问题，对高校英语教学效果和教学质量带来了极大的影响，新时期的高校英语教学亟须改革和创新。社会发展和就业市场需求的变化，使得高校英语人才培养目标逐渐转变成对复合型人才的培养。高校英语教学通过转变教育理念，来适应教育改革对英语教学的要求。

全书共八章。第一章为绪论，主要阐述了高校英语教学的内涵、高校英语教学的目标、高校英语教学的原则、高校英语教学的理论依据、高校英语教学改革与人才培养的关系、培养复合型英语人才的意义等内容；第二章为高校英语教学模式，主要阐述了网络教学模式、情感教学模式、分级教学模式、个性化教学模式、多媒体教学模式等内容；第三章为高校英语学习方式，主要阐述了自主学习、合作学习、探究学习、项目式学习、反思性学习等内容；第四章为高校英语教学改革，主要阐述了高校英语教学改革的意义、高校英语教学改革的背景、高校英语教学改革的历程、高校英语教学改革的方向等内容；第五章为高校英语教师素质的改革，主要阐述了高校英语教师的角色、高校英语教师的素质、高校英语教师专业素质的发展等内容；第六章为高校复合型英语人才的培养，主要包括复合型人才概述、复合型英语人才培养模式、复合型英语人才培养路径等内容；第七章为"外语＋技术传播"复合型人才培养实现途径，主要阐述了技术传播概述、技术传播教学的目标、"外语＋技术传播"课程的设计与实施等内容；第八章为"外语＋技术传播"复合型人才培养模式，主要阐述了理工科高校"外语＋技术传播"复合型人才培养模式、技术传播助推高校新文科外语专业发展模式等内容。

为了确保研究内容的丰富性和多样性，笔者在写作过程中参考了大量理论与研究文献，在此向涉及的专家、学者表示衷心的感谢。

最后，限于笔者水平，本书难免存在一些不足，在此，恳请同行专家和读者朋友批评指正！

# 目　　录

## 第一章　绪　论 ……………………………………………………………1
### 第一节　高校英语教学的内涵 ……………………………………………1
### 第二节　高校英语教学的目标 ……………………………………………4
### 第三节　高校英语教学的原则 ……………………………………………7
### 第四节　高校英语教学的理论依据 ………………………………………16
### 第五节　高校英语教学改革与人才培养的关系 …………………………26
### 第六节　培养复合型英语人才的意义 ……………………………………28

## 第二章　高校英语教学模式 ………………………………………………30
### 第一节　网络教学模式 ……………………………………………………30
### 第二节　情感教学模式 ……………………………………………………34
### 第三节　分级教学模式 ……………………………………………………39
### 第四节　个性化教学模式 …………………………………………………43
### 第五节　多媒体教学模式 …………………………………………………47

## 第三章　高校英语学习方式 ………………………………………………51
### 第一节　自主学习 …………………………………………………………51
### 第二节　合作学习 …………………………………………………………57
### 第三节　探究学习 …………………………………………………………60
### 第四节　项目式学习 ………………………………………………………65
### 第五节　反思性学习 ………………………………………………………70

## 第四章 高校英语教学改革 ··········································· 76
### 第一节 高校英语教学改革的意义 ······························· 76
### 第二节 高校英语教学改革的背景 ······························· 78
### 第三节 高校英语教学改革的历程 ······························· 86
### 第四节 高校英语教学改革的方向 ······························· 92

## 第五章 高校英语教师素质的改革 ································ 97
### 第一节 高校英语教师的角色 ····································· 97
### 第二节 高校英语教师的素质 ····································· 110
### 第三节 高校英语教师专业素质的发展 ························ 121

## 第六章 高校复合型英语人才的培养 ···························· 128
### 第一节 复合型人才概述 ·········································· 128
### 第二节 复合型英语人才培养模式 ······························ 137
### 第三节 复合型英语人才培养路径 ······························ 142

## 第七章 "外语+技术传播"复合型人才培养实现途径 ······ 148
### 第一节 技术传播概述 ············································· 148
### 第二节 技术传播教学的目标 ···································· 156
### 第三节 "外语+技术传播"课程的设计与实施 ············· 158

## 第八章 "外语+技术传播"复合型人才培养模式 ············ 160
### 第一节 理工科高校"外语+技术传播"复合型人才培养模式 ········ 160
### 第二节 技术传播助推高校新文科外语专业发展模式 ······ 167

## 参考文献 ································································ 170

# 第一章 绪 论

高校英语教学是高等教育教学的重要组成部分。高校英语教学要注重学生综合素质与能力的提高,尤其是培养学生在具体的工作和学习中的英语综合运用能力,使学生具备自主学习能力和较高的文化素养。本章分为高校英语教学的内涵、高校英语教学的目标、高校英语教学的原则、高校英语教学的理论依据、高校英语教学改革与人才培养的关系、培养复合型英语专业人才的意义六部分,主要包括英语教学的定义、发挥文化传承的媒介作用、以学生为中心原则等内容。

## 第一节 高校英语教学的内涵

### 一、英语教学的定义

英语在我国缺乏一定的语言使用环境,这就对英语教学提出了难题。可以说,英语教学能够直接影响学生的英语水平和语言运用能力。

英语教学是一种教育活动。对教师而言,教学是引导学生学习的教育活动;而对学生来说,教学则是教师引导下的学习活动。学生是否得到发展是教学目标能否实现的关键。教学是一个师生互动的过程,是教师教和学生学的双边统一,是师生共同完成预定任务的活动。具体来说,英语教学的界定主要体现在以下几个方面。

第一,英语教学是有目的的活动。英语教学在不同阶段有着不同的教学目标,而教学目标又具体分为不同领域与层次的教学目标。

第二,英语教学带有系统性和计划性。这种系统性主要体现为其制定者主要为教育行政机构、教研部门和学校的教学管理者。英语教学的计划性是指教师对英语基础知识进行的计划性教学,如英语语音、词汇、语法、写作和阅读等具体知识与技能的传授。

第三，英语教学需要教师采取合理的教学方法和教育技术。英语教学经过多年探索，形成了大量有效的教学方法。现代科学技术，尤其是信息技术的发展，为英语教学提供了可以借助的多种教育手段和方法。

综上所述，我们可以将英语教学的定义概括为：教师依据一定的英语教学目标，在有计划的系统性过程中，借助一定的方法和技术，以传授和掌握英语知识为基础，促进学生整体素质发展的教与学相统一的教育活动。

## 二、英语教学的本质

英语教学不仅仅是一种语言教学，同时也是一种文化教学。下面对这两个方面进行分析。

第一，英语教学是一种语言教学。语言教学的目的是培养学生使用语言的能力。对于中国人来说，英语教学属于外语教学。从人类外语教学的发展历史来看，外语教学离不开外语知识教学，以外语知识为基础的外语教学有利于培养学生运用外语的能力。因此，英语教学作为语言教学，其本质应该是培养学生综合运用英语的能力。

需要特别指出的是，一些对语言知识进行专门研究的语言教学并不是以运用语言为目的的，因此并不属于语言教学的范畴，如古希腊语的研究、古汉语的研究等。这些语言在当今社会几乎不再使用，因此这些语言的学习需要和语言教学区分开。

第二，英语教学是一种文化教学。文化孕育语言，语言反映文化，二者有着密切的联系。在进行英语教学的过程中，教师不仅要让学生了解基本的语言知识，而且要培养和提高学生的英语思维能力，以便于学生日后熟练使用语言。从这个意义上说，英语教学也是一种文化教学。

## 三、高校英语教学的多维内涵

### （一）高校英语教学的人文内涵

在当代高校英语课堂教学中，高校英语教师通常更关注语言工具的技能性，往往忽视语言、文化等人文内涵的渗透，使得学生的人文内涵意识相对比较薄弱。事实上，英语教学是借助于听、说、读、写、译五大项目的教学使学生具备熟练运用英语这一语言工具进行交流的素养和能力的教学。因此，人文教育在当代英语教学中发挥的作用不容小觑。任何一种语言都不是孤立存在的，它们往往同当地的历史内涵以及文化背景等存在着密切的联系。人们要想很好地掌握并能熟练运用一门语言，通常需要对其历史内涵以及文化背景有充分的认识和把握。那么，在当代英语教学中，教师不仅应高度重视培养学生的语言能力，而且应注重人文内涵的渗透，着眼于培养兼具语言应用能力和文化涵养的综合型人才。

高校英语教学的人文内涵有着非常宽泛的范围，具体包括英语语言国家历史、习俗以及民族文化等，这一内涵也是民族长期以来通过变迁和发展慢慢积淀的精华。当代的高校英语教师应具备从多个角度认识英语人文内涵的基本素质。教师不仅应在具体的教学实践中贯彻"以学生为本、注重学生全面发展"的教育理念，而且应兼顾学生智力因素和非智力因素的全方位发展，将学生视为动态发展的个体，激发学生的发展潜能。当代的高校英语教师还应在具体使用教材的过程中，注重教材人文内涵方面的分析和阐述，尤其应适当融入一些礼仪、历史、艺术等方面的内容，或者开展一些具有生活性、现实性特点的语言教学活动。只有教师具备了较高的人文素质，并且能够将人文内涵切实、认真地贯彻于英语教学实践中，才能使教学内容更加丰富、全面和完善。

总体来说，根据人文主义教育的核心价值观念，教育以实现人性的完美为终极目标。在英语课堂内外所开展的任何与英语语言相关的讨论和活动，所做的任何教育实践都是人文主义的强化教育，也都是为了实现学生各项语言技能的提升，进而让学生成为品格高尚、个性突出、感情丰富并适应社会发展的新时代的人才。

## （二）高校英语教学的通识教育内涵

通识教育是高等教育中的重要内容。

英国著名的教育学家纽曼（John Henry Newman）在其所著的《大学的理论》一书中这样提道："通识教育的目的是打开心灵，纠正它、净化它，让它能认识、消化、掌握、统治、使用知识，给予它控制才能的力量，具有应用性、灵活性，方法、批评的准确性，聪慧，谋略，举止，流利的口才。"通过对这一看法进行分析不难发现，通识教育将"全人"教育作为其追求的理念，其实就是借助学习这一途径使学生能够充分发掘自我的潜能，使学生的自身价值能得以实现，并能在身心、智力以及品格等方方面面实现协调、全方位的发展，进而成为为社会所需并能在社会发展中发挥积极作用的人才。从性质方面来看，作为高等教育的重要组成部分，通识教育是所有的大学生都应接受的非专业方向的教育。从目的方面来看，通识教育主要是培养积极参与社会生活的、具有强烈社会责任感的、全方位发展的社会的人和国家公民的教育；从内容方面来看，通识教育属于一种具有广泛性、非专业性、非功利性的基本知识、技能与态度的教育。通识教育覆盖面非常广泛，通常涉及社会科学、人文科学以及自然科学与技术这三大方面。

"通识教育"这一概念中的"通"就是我们经常提到的"融会贯通"中的"通"，是指不同学科间的知识能够相互通融。因此，学生在遇到比较复杂的问题时要能够以跨学科的、开阔的视角进行思索，并且能够在与不同学科背景的人进行沟通和交流的过程中实现不同文化、专业间的沟通。同时，根据教育生态学的观点，高校英语教学体系也可以被看作围绕高校英语教学活动这一中心而建构的生态系统。该生态系统通常由教师、学生等教学主体以及与之相应的教学环境构成。其中，教学环境主要涉及社会环境、自然环境以及规范环境这几大类型。社会环境以自然环境为基础，同时社会环境又是在自然环境的基础上发展而来的。教学的规范环境具体包括以下几方面的内容：第一，能够被社会广为接受的、与教学全体的需求期望相符合的教学态度、教学规范以及价值观等；第二，教学要求、教学理念、评估标准、教师和学生的认知观以及课程的设置目标等。

学生和教师这些教学主体以及非生物因素范畴的教学环境在相互影响、相互作用下共同构成了一个统一的、兼具物质—能量—信息传递功能的整体，这就是所谓的高校英语教学生态系统。这一系统其实蕴含着深刻的通识教育的内涵，是围绕着语言基础课程这一中心，将自然知识、社会知识以及世界文化知识的普及作为其目标的半自然、半人工的生态系统。

上述这些高校英语生态教学系统的运行目标及功能很好地说明了高校英语教学属于高校通识教育人才培养模式中必不可少的组成部分。这一生态教学系统的运行也是以实现学生综合应用能力、综合文化素养以及自主学习能力的提升为其主要目标的。在该理念的指引下，当代的高校英语教学不仅是一门语言基础课程，同时还是涵盖社会知识、自然知识以及世界文化这几大方面的综合教学体系。

## 第二节 高校英语教学的目标

### 一、发挥文化传承的媒介作用

在高校英语教学过程中，需要明确母语文化和英语文化的定位。中华文化是世界文化的珍宝，在人类文明中占据着重要的地位。在跨文化交际过程中，交际者不了解自身母语文化是无法进行长久交谈的。可以说，母语文化是跨文化交际的根本。因此，高校英语教学中教师在内容的安排上应该以中国文化为基础。但是，在具体高校英语教学中，教师进行中国本族文化的教学似乎有点本末倒置，鉴于此，教师可以通过中国文化英译、文化对比等内容展开中国文化的教授，同时这也能在一定程度上提升学生的文化对比能力。

英语是许多国家官方公认的通用语言，并已成为全球性的国际通用语言。随着英语使用范围的扩大，其在交际中的传播与媒介作用愈加凸显。鉴于此，高校英语教学必须紧跟时代发展的步伐，扩展高校英语教学的内容。相关英语国家文化的教学是高校英语教学的重要内容，所以教师需要培养学生的文化身份意识，让学生定位自身的文化属性，并区分不同的文化。

只有了解了英语国家文化，学生才能反过来更加深刻地理解中国文化。从这个意义上说，高校英语教学在文化传承上有着重要的媒介作用。学生在认识中国文化的基础上，积极吸收不同国家文化的精华，可以为日后的跨文化交际打下良好的基础。

## 二、加强学生的自主学习能力

目前学生的自主学习方面存在诸多问题。从学生的角度来说，相当一部分学生课外自主学习的意识淡薄，自学能力较弱，学习依赖心理非常严重。还有不少学生不了解语言学习的本质和过程，认为学英语靠强化、靠突击，他们不知道英语学习是一个循序渐进的积累过程，没有意识到阅读课外读物会帮助自己扩大词汇量，增强语感，吸收文化知识，提高语言文化素质。此外，还有些学生虽然意识到了自主学习的重要性，也主张课外自学，但由于课外投入不足或方法不当，影响了学习效果，丧失了学习的信心。

从学校和教师的角度来说，除了正常的课堂教学外，学生在课外几乎没有接触和运用英语的环境，在课外学习中运用英语的机会几乎是零。因为很长一段时期以来，英语教学方法和教学模式影响和制约着英语教学。教师在教学中只注重如何教，而不管学生如何学。这种重知识轻技能的现象使得学生只习惯于做配角，不习惯于对自己的学习计划、学习需要、学习方法和学习技能加以充分考虑，所以学生自主学习的意识和能力自然就很弱。

因此，当代英语教学提倡自主学习型的教学模式，强调教师应根据自主学习的理念为学生创建学习环境，使学生之间形成良好的协作关系，让学生学会自我管理和自我评价，最终成为自主学习者。

自主学习符合学生的迫切要求。传统的英语教学法只注重教师的教，忽视了学生的参与。事实上，学生是非常愿意参与到教和学的过程中来的，他们渴望教师在教学中考虑他们的学习兴趣和看法，给予他们更大的空间，发展他们的语言技能。同时，他们也希望教师多与他们交流，了解他们的思想，尊重他们的意愿，建立平等友好的师生关系。总而言之，他们很乐意为自己的学习承担责任，愿意在学习过程中有更多的选择权和更大的自主权。因此，教师应当根据学生的这些反馈和愿望，积极推动自主学习的英语课堂教学模式。

总的来讲，自主学习符合《大学英语课程教学要求》的精神。《大学英语课程教学要求》指出，大学英语的教学目标是培养学生英语综合应用能力，特别是听说能力，使他们在今后工作和社会交往中能用英语进行有效的交流，同时增强学生自主学习能力、提高学生综合文化素养，以适应我国经济发展和国际交流的需要。

为此，高校英语教学应帮助学生打下扎实的语言基础，提高文化素养，掌握良好的语言学习方法。教师要充分利用教材所提供的语言材料组织好课堂教学、指导好学生课外自学，有意识地培养学生的语感，帮助他们养成良好的语言学习习惯，提高他们的自学能力，促使他们自主学习。

## 三、加强学生的跨文化交流能力

随着2004年《大学英语课程教学要求（试行）》的颁布和英语教学改革的深入，培养学生交际能力的意识越来越深入人心。但我们在英语教学实践中发现，尽管我们在培养学生听、说、读、写、译等言语技能方面花费了大量心血，但教学效果并不明显。通过分析就会发现，现行的围绕听、说、读、写、译等言语技能训练所编的教材及所采用的教学方法存在着一定问题。

严格地说，目前高校英语教学还没有突破语言知识的掌握和言语技能的训练的框架，学生所学到的更多的是语言表面的知识。因此，有学者认为，英语教学仅仅重视言语技能的训练是不够的，还必须注重交际能力的培养。实践证明，言语技能的训练不能自然生成交际能力；交际能力的形成除涉及语言因素外，还涉及社会文化能力、语境能力和行为能力等诸多要素。

因此，要想培养学生的交际能力，在英语教学中教师除了传授语言知识和进行言语技能训练外，还必须努力对学生进行跨文化条件下语言能力、语用能力等的专门培养和训练，以提高学生在特定的社会文化情境中的跨文化交流能力。

培养学生的跨文化交流能力是英语教学的最高目标。英语教学的过程实际上是一种文化适应的过程。一方面，它要求学生把目标语文化也就是英语文化与自身现有知识进行等值条件下的转换；另一方面，又要无条件而积极地理解、吸收与本国文化不同的信息。由于英语与汉语之间的巨大差距，学生在学习英语的过程中不可避免地会遇到文化差异造成的障碍和困难。为了消除这种障碍和困难，在英语教学中教师就必须强化文化教学，即在教学过程中，相应地进行英语语言文化教学。从英语教学的角度讲，教授语言知识和培养言语技能是前提和基础，而跨文化交流能力的培养是前者的深化和提高。前者是手段，后者是目标。

## 第三节 高校英语教学的原则

### 一、以学生为中心原则

我国传统的英语教学经常采用以教师为中心的教学模式。教师多选择"三统一"的形式，即统一上课时间、统一上课进度、统一课程考试，忽视了学生之间存在的差异。出于各种原因，学生之间的性格、思维方式、学习兴趣、能力基础等都会有所不同，且这些差异会随着时间与地点的变化而变化。为此，当代英语教学倡导以学生为中心的教学理念，这也是当代英语教学与传统英语教学之间存在的最大区别。以学生为中心的教学理念真正尊重了学生的主体地位，要求所有的教学和学习活动都围绕学生的实际需求展开。

以学生为中心的理论源于美国教育学家杜威（Dewey）的"儿童中心论"。杜威认为，儿童有着自由的天性，尊重儿童的天性对他们的发展有重要作用。反映到教学上，尊重学生的天性就是尊重教育的自然规律，有利于学生学习的进步。具体来说，以学生为中心要求教师正视自己在教学中的主导作用，一切教学工作都要围绕学生的学习展开。具体来说，坚持以学生为中心原则应做到以下几点。

#### （一）认真备课

教师必须认真备课，才能更好地将自己的知识和实践经验传授给学生。在备课过程中，教师要充分考虑学生的实际情况，不可脱离学生盲目地备课。要想充分了解学生的学习情况以使备课更有针对性，教师可以借助一些手段，如座谈、课堂提问、作业、测试等。

此外，教师在设计教学活动时要有一定的灵活性，根据学生的学习水平、接受能力、学习方法、学习风格和学习态度等随时对教学活动进行调整。总之，教师在备课时要善于换位思考，发散思维，从学生的角度出发，想学生之所想，并尽量让绝大多数的学生参与进来，努力让学生成为课堂教学活动的主体。

## （二）认真分析教材

教师在分析教材的过程中要重点理解和把握教学内容，根据学生所处的不同阶段的实际情况与学生的学习能力来调整教学目标和教学任务，根据学生的需要对教材内容和活动进行最优化处理，使教材与学生的经验建立起联系，把教材内容变成问题的链接和师生对话的中介，使教材的作用真正发挥出来。

## （三）使用合适的教学手段

教师选择的教学手段也必须坚持以学生为中心原则。例如，直观的教学方法有助于学生直接感受和理解语言，如通过视、听、说加深印象，能够强化学生记忆，激发学生参与的兴趣。形象化的教学手段则可以激发学生的直觉思维。所以教师要注意选择能激发学生学习兴趣和好奇心的教学手段，如幻灯片、投影、模型、录音、图片等，使学生能出于自身的需求积极主动地参与课堂学习，自然地感知语言。此外，教师还要善于利用课堂空间和各种场景激发学生兴趣，调动学生参与课堂活动的主观能动性。

## （四）发挥教师的主导作用

以学生为中心并不意味着排斥教师在课堂教学中的作用。正如杜威所认为的，在以学生为中心的教学模式中，教师甚至发挥着比在传统教学中更为重要的作用，需要付出更为艰辛的劳动。

具体来说，在以学生为中心的教学中，教师是教学的主导者，充当着指导者、协调者、顾问等角色，主要作用在于帮助学生加快学习进程。当学生遇到困难时，教师要及时给予帮助，使学生的困难在第一时间得以解决；当学生面对困难不知所措时，教师要及时引导，使学生找到解决困难的办法；当学生愿意接受学习任务且跃跃欲试时，教师要给予其更多锻炼的机会，激发其学习的兴趣和动机；当学生的学习情绪不高时，教师要及时予以鼓励，提高学生的学习热情；当学生在学习上取得成绩时，教师要及时向学生提出更高的要求，使学生始终明确学习目标、不断努力。

## 二、发展性原则

所谓发展性原则，是指确保所有学生的智力因素与非智力因素都得到应有的发展。这不仅应体现在教学工作的初始阶段，而且应体现在教学工作的结束阶段。学生的智力因素与非智力因素发展是衡量教学效果的一项重要标准。

高校英语教学过程不仅是学生的认知、学生的英语技能、学生的学习情感获得成长的过程，而且是整个生命体的活动过程。因此，学生的发展可以视为一个生命体的成长过程，并且这一过程具有和谐性、多样性以及统一性的特点。要实现这一目标，需要做到以下三点。

第一，教师要对每位学生的成长予以关注，确保所有学生都能得到发展。

第二，教师要充分挖掘课堂上的智力和非智力资源，合理、有机地实施教学，使之成为促进学生发展的有利资源。

第三，教师可为学生设计一些对智慧和意志有挑战的教学情境，激发他们的探索和实践精神，使教学充满激情和活力。

思辨能力属于学生人文素养提升的重要组成部分，对学生的整体素质发展有着重要的影响。在高校英语教学的过程中，教师需要遵循发展性原则，使学生的能力与素养得到切实提高。

## 三、真实性原则

学生学习的最终目的是交流，因此所学的教材内容自然要尽量遵循真实性原则。对英语教学真实性问题的讨论最初源于20世纪70年代，此后，学者对真实性问题的探讨逐渐深入，下面对这些观点进行具体分析。

### （一）采用语用真实的教学内容

教学内容不仅包括课文，还包括例句、课内外训练材料和练习等。真实的教学材料对学生的学习十分有益，它可以让学生接触真实自然的语言，了解交际话语和背景文化，并能在课堂活动和社会交际之间建立起联系，使学生领会到所学习的语言材料就是现实生活中可能发生的语言交际情境。这样，他们就会有学习英语的主观动机。

为此，英语教师在开始教学时应从语用的角度认真分析课文，不仅要分析课文语句的结构意义，而且要着重把握语句的语用意义，了解语句使用的真实语境，研究语句中包含的情感、态度、语气、意图等，准确把握课文中所有语句的真实语用内涵，同时选择语用真实的教学例句和课内外练习。这样就会使教学内容指向语用教学，而且明确指向以培养学生运用英语的能力为目的的语用教学，从而保证学生获得语用真实的英语运用能力。

### （二）设计或组织语用真实的课堂教学活动

英语课堂教学是通过呈现、讲解、释例、训练、巩固等一系列的课堂教学活动来完成的，这些课堂教学活动都应与语用能力培养密切相关。学生语用能力的培养要贯穿于英语教学的全过程，融于语言学习各环节的学习和训练之中。例如，在进行呈现和讲解时，教师不仅要呈现、讲解教学内容的真实语义，而且要明确呈现、讲解教学内容的语境和言外之意。

此外，释例环节中所有的例句要语义真实，语境和语用意图也要真实。总之，教师在进行训练和巩固时不仅要进行真实语义的训练和巩固，而且要关注如何在恰当的语境下表达恰当的语用意图，这样才能帮助学生真正提高交际能力。

### （三）努力增强学习环境的真实性

有观点认为，课堂教学缺乏真实性，因为它不可能提供完全真实的社会交际场景。这种观点本身就是不正确的。众所周知，我国学生大都没有出国学习的机会，因此也就缺乏完全真实的语言学习环境。况且第二语言学习本身就不可能与母语习得过程完全一样。所以，我国学生学习英语主要是通过课堂教学进行的。

但正因如此，教师更要充分利用课堂这一场所有效实现英语教学目标。实际上教室本身就可以成为一个真实的语言学习与交流场所，它能不能充分发挥应有的作用就在于教师是否能将课堂教学营造为有利于学生学习的环境，是否能真正调动起学生的学习兴趣。例如，教师可以充分开发课堂教学的潜力，结合学生的实际生活设计各种学生感兴趣的活动，将枯燥的教师"一言堂"教学模式转变为师生共同交流、互相学习的教学模式。这样不仅可以鼓励学生积极参与，使学生增强因主动学习取得成功而带来的自信心，还能引导学生融入各种角色、实现角色代入，为学生将来的真实交际打下坚实的基础。

### （四）编排语用真实的教学检测评估方案

教学检测评估对教学起着很大的反馈作用。通过设计编排语用真实的教学检测评估方案并加以实施，教师可以发现学生语用能力的不足之处，从而有针对性地调整和改进教学，特别是针对学生语用能力培养方面的教学，能起到更直接、有效地提升学生运用英语能力的作用。需要注意的是，教学检测评估方案既要符合测试的基本原理，又要注重对学生运用能力的测试；要语义真实，更要语用真实，否则就会误导教学，弱化学生运用英语的能力。评估方案做到语用真实会引导学生在学习中更积极自觉地去把握学习内容的真实语用内涵，从而进一步强化学生获得运用英语能力的自我意识，而这必将促进学生更有效地获得运用英语的能力。

## 四、灵活性原则

在英语教学中遵循灵活性原则就是要以学生兴趣为教学前提。大学生群体是一群有朝气的年轻群体，他们容易对新鲜事物感兴趣，对陈旧的、机械的内容往往会感到枯燥，尤其是一门语言。语言的学习应该是充满活力的，但中国教师习惯将语言学习变成一种机械式的学习。因此，英语教师要改变传统教学方法，注重教学的灵活性，这样才能为学生营造一种生动、活泼的课堂氛围。

一方面，英语教学不仅包括语言知识教学，还包括言语技能教学，教学内容极其丰富；另一方面，由于生长环境、学习习惯等的不同，每个学生学习的效果也有明显的差异。基于此，英语教师必须以学生的学习情况为依据，在众多教学方法中找到合适的教学方法，从而用最为灵活的方法激发学生学习英语的热情。

## 五、兴趣性原则

兴趣是人认识新事物、学习新技能的重要推动力。因此，在英语教学中，英语教师应该意识到兴趣的重要性，注重调动学生的情感因素，从而最大限度地激发学生学习英语的兴趣，使学生能自主学习英语，并最终养成学习英语的好习惯。英语教师该如何调动学生的学习兴趣？一般可以从以下几个方面入手。

### （一）改变传统的教学与测试方式

不能否认的是，英语学习过程是需要一定死记硬背活动的。但这种操作不宜过多，太泛滥的话容易引起学生的反感，有可能使学生失去学习英语的兴趣。因此，教师在进行英语教学设计时，应该将设计内容定位在能引导学生学习兴趣的层面。学生主动学可以帮助他们更加快速地完成知识的内化，也有利于他们将英语语言知识转变为英语交际的工具。而学生在提升自己交际能力的同时，也会不断提高自身综合素质水平，这样学生学习英语的兴趣会得到进一步的巩固。此外，教师在对学生进行评价时要多多关注与学生学习兴趣有关的内容，比如，学生的学习态度、努力程度等。

## （二）对教材进行深度挖掘

教材目前仍然是教师进行英语教学的主要工具。教师在备课过程中应该对教材进行仔细研究，争取能将教材中所有内容都挖掘出来，并且要着重标记出学生感兴趣的内容，在进行实际教学时可以进行重点讲解。

## （三）增强师生交流

教学是教师与学生进行双向互动的过程，教师所讲的知识会影响学生的情绪，而学生的情绪又会影响教学的效果。一般来说，如果学生在课堂上能够展现良好、稳定的情绪，那么，这种情绪就很有可能转化为学习的兴趣，推动学生进行英语知识的学习。此外，学生是否喜欢这门课，也可以从其对授课教师的态度中一窥究竟。

因此，教师在课堂上不仅要严格要求学生，而且要关注学生的情绪，努力通过自己的眼神、动作来为学生营造一种和谐、愉悦的学习氛围。课上教学固然重要，课下交流也不能忽视，教师要在课下与学生进行真诚交流，甚至可以与学生交朋友，让学生感受到来自教师的尊重，这样学生才愿意向教师倾诉学习与生活中自己遇到的困难。良好的师生关系不仅可以保证英语教学的实施效果，而且能最大限度地调动学生的学习积极性。

# 六、系统性原则

教师在高校英语教学过程中遵循系统性原则，目的是使学生对所学内容能有比较系统、完整的概念，在各部分知识之间和新旧知识之间建立有机的联系，在消化所学内容时思路清晰而有层次。具体来说，系统性原则主要涉及以下几点。

## （一）系统安排教学工作

高校英语教学工作的安排要有计划性，对此，教师要做到以下几点。

第一，要有计划地备课。例如，一篇课文要上八课时，教师在备课时要全部备完，不能今天上两节课就备两节课的内容。

第二，讲解要逐步深入、条理分明、前后连贯、新旧联系、突出重点，使教学内容一环套一环、一课套一课，形成一个有机体系。

第三，教学的步骤和培养技能的方法应该符合学生掌握语言的过程。教师要根据课程的最终教学目的，由易到难逐步提高要求。

第四，布置练习要具有计划性。教师要先进行训练性练习，然后再进行检查性练习。此外，练习的形式要具有体系性，相同的练习形式也要有不同的要求。

第五，布置家庭作业和讲课的重点应当密切结合。教师在布置每次作业时要有明确的目的，要通盘考虑课内课外。

第六，要经常检查学生掌握知识和技能的情况，在每堂课中要有一定的提问时间并做好相应的记录，这可以对学生起到督促作用。学生的平时成绩不能仅凭教师的印象来评定，因此教师平时对学生所做的口、笔头作业要有记录。

### （二）系统安排教学内容

英语教学内容的安排要有严密的计划和顺序。例如，低年级英语教材教学内容的安排基本上应是圆周式的。教师对系统不要机械地去理解，也不要照搬系统。教师应该按教科书的安排特点和班级的情况合理组织讲课的内容，确定讲课的重点。当出现一个生词时，教师不要急于一次把这个生词的所有意义、用法全部教给学生；当教授一条新的语法规则时，不要一次向学生交代有关这条规则的全部知识，要将知识分步教给学生。教学内容的安排应该服从教学的系统，这样才能由浅入深、由易到难，从分散渐成系统。

### （三）系统安排学生学习

教师要指导学生进行连贯的学习。学生的学习要循序渐进，要经常、持久连贯。因此，教师在教育学生时要有恒心，经常及时地带领学生进行复习和做好功课。此外，教师要指导学生正确处理好平时和期末的关系，引导学生将学习重点放在平时，要坚决反对临时抱佛脚、突击开夜车的做法。教师还要经常关心和指导学生的学习方法，并针对学生的个人特点因材施教。

## 七、综合性原则

高校英语教师应该重视综合性原则，对语音、词汇、语法等知识进行交互教学，从而提高教学的实用性。具体来说，综合性原则指导下的高校英语教学应该突出以下几个方面的内容。

### （一）整句教学与单项训练相结合

如前所述，高校英语教学的目标在于培养学生的语言运用能力。因此教师在教学中应该做到总分结合，既要对整句进行教学，也要进行单项训练。

当学生的语言知识达到一定的水准后，他们就能够将语言知识运用到自身的日常生活与学习中，同时，这样的运用也有助于学生语感能力的提升。也就是说，教师在高校英语教学中应首先开展整句教学，即先教给学生一些简单的句子，当学生有了一定的积累之后，再教授复杂的句子。这时候就需要将整句练习与单项训练结合起来。

### （二）综合训练

语言学习并不是独立的，而是一个统一的整体。因此教师需要在教学中开展综合训练，即将听、说、读、写、译各项技能的教学结合起来。

在高校英语教学中，听、说、读、写、译技能的培养是教学开展的主要内容与路径。教师可以对学生的多项感官进行训练，保证五项技能训练的比例与数量，从而让学生完成学习任务，提升学习质量。

### （三）对比教学

众所周知，英汉语言之间存在明显的差异。这就要求教师在高校英语教学中引导学生对英汉语言进行对比，通过对比，让学生发现二者在动植物词汇、人名、地名、称谓语、禁忌语等各个层面的差异，从而准确地运用语言来进行写作与翻译。总之，通过对比教学，学生可以不断提升语言运用能力。

## 八、以网络为手段原则

在高校英语教学中，高效地利用网络可以事半功倍。以网络为手段的原则有很多细则，具体分析如下。

### （一）多媒体呈现

众所周知，声音加图像的效果要明显比单独表述的方式有更大的优势。因此，学生同时接收言语信息与形象信息，比接收单一的信息获得的冲击感更强烈。例如，在英美文学的学习中，学生一边听讲解，一边通过幻灯片、录像、动画等看到与材料相关的视频信息，其学习效果会比单独听录音、单独看文字材料更好，这就是法国语言学家梅耶（Meillet Antoine）所谓的"多媒体效应"。在多媒体环境下，学生能够同时建构两种心理表征——言语表征与视觉表征，并能够建立起二者之间的联系。

## （二）时空同步

在应用多媒体进行教学时，相关的言语信息与视觉信息往往会出现在同一时空，而不是分散的，这有利于学生接受和理解教学内容。例如，学生在学习自行车打气筒的工作原理时，如果一边听声音讲解，一边观看动画演示，就能很容易地了解和把握打气筒的工作原理。梅耶指出，这样做的学习效果能够提高50%，这就是所谓的"时空同步效应"。在这一环境下，相关的言语信息与视觉信息需要同步进入工作记忆区，以便于二者建立联系。

## （三）注意分配

在网络环境下，言语信息的接收需要通过听觉信道，而不是视觉信道。例如，学生通过听讲解、看动画来了解材料内容。当讲解词与动画都以视觉形式呈现时，学生不仅要对动画信息加以注意，还需要对文字信息进行关注，因此会导致视觉负担加重，可能造成部分信息的丢失。但是，当文本信息和图像信息分别以听觉、视觉呈现时，学生可以在听觉工作记忆区加工言语表征，而在视觉工作记忆区加工图像表征，这就大大减轻了学生的视觉负担，从而可以均衡分配注意力，帮助学生对信息的理解和接收。

## （四）个体差异

与基础好的学生相比，以上三条原则对于基础差的学生更有效；与形象思维差的学生相比，上述三条原则对形象思维好的学生更有效。可见，这些效应的产生与学生的个体差异有密切关系。教师在以网络为手段的高校英语教学中应该坚持个体差异原则，注意区分学生的原有基础知识能力及形象思维能力，使不同的学生都能够实现最好的言语与图像的结合，从而获取所需英语知识并提高相关能力。

## （五）紧凑性

教师在以网络为手段的高校英语教学中需要坚持紧凑性原则，这有助于言语信息与图像信息的应用。在网络环境下，学生接收短小精悍的言语信息和图像信息的学习效果会更好，这就是所谓的"多余信息效应"。

# 第四节　高校英语教学的理论依据

## 一、语言本质理论

### （一）结构主义语言学

结构主义语言学兴起于19世纪末期，盛行于19世纪末期到20世纪中期。

1.美国结构主义语言学家的理论

美国结构主义语言学家认为，语言是将意义变成语码的系统。语言系统主要包括以下三个部分。

①音位系统。在音位系统中，语言学家要描述的内容除了音位、音位组合原则、音位变体等之外，还包括连贯话语中的语音现象，如同化、异化、重音、语调、省音等。

②词素系统。在词素系统中，语言学家所描述的内容主要是词素、词素构成成分、词素变体等。

③句法系统。在句法系统中，语言学家所描述的内容主要是句型、词语分类、短语分析、直接成分等。

除此之外，在美国结构主义语言学家看来，口语是语言学习者最早要学习的内容。他们还指出，每一种语言都有其自身的结构，语言不同，其音位系统、词素系统、句法系统也不尽相同。因此，在语言学习中，要注意观察语言的差异。

基于语言的差异性，美国结构主义语言学家指出，语言学习在一定程度上会受到母语的影响。可见，外语结构与母语结构均会影响语言学习。若两者相同，语言学习就比较容易，一般不会出现错误；若两者不同，语言学习则变得比较困难，容易出现错误。在高校英语教学中，教师应注意这一点。

2.英国结构主义语言学家的理论

英国结构主义语言学家对结构主义语言学研究贡献很大，特别是在句型结构的研究方面。其中，霍恩比（A. S. Hornby）、帕尔默（H. Palmer）等是这一语言学派的典型代表。

英国语言学家霍恩比在《英语句型与用法指南》一书中对英语句型进行了归纳，涉及5种名词句型、25种动词句型和3种形容词句型。在对这些句型进行论述时，霍恩比还提供了相应的实例。其著作是英国结构主义语言学主要研究成果的体现。

此外，英国结构主义语言学家认为，语言结构及结构的使用与情境存在一定的联系。20世纪40年代，很多学者开始对语言结构与情境的关系进行研究，结构主义伦敦学派由此诞生。该学派的代表有人类学家马林诺夫斯基（B. Malinowski）、语言学家弗斯（J. R. Firth）等。

马林诺夫斯基研究了南海岛屿居民文化，指出要了解当地居民的语言，必须先了解其文化。他提出了"语境"这一术语，并认为，语境是语言活动中涉及的自然环境。

在马林诺夫斯基的基础上，弗斯提出人们需要结合不同语言来研究语言的各层面。此外，他提出了能够描述"语境"的三个特点：①参与者的特点；②相关目的的特点；③语言行为效果的特点。

## （二）转换生成语言学

转换生成语言学派形成于20世纪50年代，代表人物是美国语言学家诺姆·乔姆斯基（Noam Chomsky）。乔姆斯基不断修改自己的理论，使之更具解释性并符合经济原则。

乔姆斯基提出了著名的"转换生成语法理论"。他认为，语言是一种行为，而且该行为一般会受特定规则的制约。利用这些规则，人们可创作出无限的复杂句子。在语言学习的过程中，人们并非只是学特定的句子，而是在学如何运用这些规则创造新的句子、理解新的句子。语言具有明显的规则性与创造性。

乔姆斯基的"转换生成语法理论"主要经历了五个阶段。

第一，经典理论阶段。在经典理论阶段，乔姆斯基认为语言学是一门科学。这一阶段的观点主要包括三点：①强调语言具有生成能力；②将转换规则引入理论；③认为语法的描述应脱离意义。

第二，标准理论阶段。乔姆斯基的《句法结构》一书标志着"转换生成语法理论"进入标准理论阶段。乔姆斯基发现经典理论有不足之处，如转换性太强、规则存在生成句子和不生成句子两种情况等。鉴于此，他试图对经典理论进行改进，在语法规则上加入了语义，从而使用相关的语义知识来解释和说明语音和句法。

第三，扩展的标准理论阶段。对标准理论的缺点或问题的认识和解释使乔姆斯基的理论进入扩展的标准理论阶段。该理论阶段的主要内容如下：①转换规则对一些语法成分进行删除或移动；②认为转换生成不会改变句义，但一些规则实际上改变了句义；③认为动词衍生出的名词的意义与动词相同，有时并非如此；④多数规则都有一定的现实意义，所以要对句子的普遍性与特殊性进行关注。

第四，管制与制约理论阶段。转换生成语法于20世纪80年代开始进入管制与制约理论阶段。这一阶段是管制理论、制约理论、控制理论等的集合。

第五，最简方案阶段。经过了前四个阶段，转换生成语法进入最简方案阶段。在这个阶段，理论主要是使具有高度生成能力的句法完美化，利用最简明的方案使语音与语义衔接起来，同时使儿童更容易获取母语。

这五个阶段推动着转换生成理论不断完善和发展，对之后的学者进一步研究语言意义重大。

### （三）功能语言学

#### 1. 韩礼德的系统功能观

以英国语言学家韩礼德（Halliday）为代表的系统功能语言学派是20世纪最具影响力的流派之一。该学派认为，语言学包括系统语法和功能语法，二者相互联系。功能语法的研究主要侧重于语言在社会中的运用。系统语法是人们从一种语言中选择句子，并详细说明不同选择之间关系的语法，它强调语言的社会功能，并且认为语言的实际运用很重要。该学派分别从儿童角度和成人角度研究了语言功能。儿童的语言功能如下所述。

①工具功能。使用语言来取物。例如，"I want ..."
②规章功能。使用语言来控制他人的行为。例如，"Do as I tell you."
③相互关系功能。使用语言与他人交往。例如，"Me and you ..."
④个人功能。使用语言来表达自己的情感意义。例如，"Here I come."
⑤启发功能。使用语言学习和发现问题。例如，"Tell me why ..."
⑥想象功能。使用语言来创造一个幻想的世界。例如，"Let's pretend ..."

成人的语言功能较儿童而言更复杂、抽象、简化，可概括为概念功能、人际功能和语篇功能。概念功能是表达新内容，人际功能是表达社会关系，语篇功能是指语言中的某种机制将口头语或书面语连句成篇。

#### 2. 海姆斯的交际能力理论

社会语言学家海姆斯（Hyams）认为，人们具有交际能力意味着人们不仅可以获得有关语言规则的知识，而且可以获得语言在社交中使用的规则。如果一个人具备较强的交际能力，那他就应该了解在不同的场合和时间、面对不同的人，应该采用什么方式做出怎样的语言表达。

①能识辨、组织合乎语法的句子，即懂得形式上的可能性。例如，知道"I want going home."是错误的，并能讲出或写出"I want to go home."

②能判断语言形式的可行性。例如，知道"The mouse the cat the dog the man the woman married beat chased ate had a white tail."是合乎语法的，但几乎没有人会这样表达，也就是不可行。

③能在交际中得体地使用语言。有些语言在语法上是正确的，并且也是可以实施的，但在语境上不得体。例如，

A:What happened to the crops？

B:The rain destroyed the crops.

④知道某些话语是否存在于现实交际中。有些话语形式上是可能、可行和得体的，但现实生活中没有人会那样说。

**3. 奥斯汀的言语行为理论**

英国语言哲学家奥斯汀（Austin）从言语的作用和功能角度进行研究，提出了言语行为理论。他认为，学者在研究话语的意义时要注意话语使用时的作用。话语有多种功能，可以用来提出建议、发出邀请，也可以用来提出要求和表示答允。不同种类的句子有不同的作用，一些句子是用来报告、描述事物的，也有一些句子是用来实施某种行为的。奥斯汀对叙述句和行为句这两类话语做出了区分。叙述句是可以验证的，即可以是真实或错误的陈述，如"Chicago is in the United States."而行为句则可以施行行为或用来做事，如"Look out,the train is coming."是用来警告人们注意火车的到来。例如：①"I do"（用于结婚仪式过程中）；②"I name the ship Elizabeth"（用于命名仪式中）；③"I give and bequeath my watch to my brother"（用于遗嘱中）；④"I bet you six pence it will rain tomorrow"（用于打赌）。

奥斯汀还提出了判断行为句的标准，认为行为句有两种形式：①主语是第一人称单数，谓语使用现在时态、陈述语气和主动语态，如"I promise ..." "I agree ..."等。② You+动词相对应的被动形式，即句子主语是第二人称，谓语使用现在时态、陈述语气、被动语态，如"You are requested ..."等。

语言形式不是判断语言功能的唯一依据。奥斯汀认为，语言在大多数情况下同时实施着三种行为：以言述事、以言做事和以言成事。以言述事行为是指通过语言来叙述、报告、描写事物，如"I'm thirsty"可以表示某人的身体状态是口渴；

以言做事行为是指通过语言来实施一种行为,如"I'm thirsty"可表示请求别人拿水给自己喝;以言成事是指通过语言促成某种后果,如通过"I'm thirsty"这句话可以得到一瓶水。让奥斯汀尤为感兴趣的是以言做事,言语行为指的就是这样一种行为。

## 二、语言学习理论

对语言学习过程中的问题和现象的认识,有助于教师选择科学的教学方法。英语作为一门我国学生学习的第二语言,其学习过程不仅遵循一般的语言学习理论,还遵循特定的二语习得理论。

### (一)建构主义学习理论

20世纪90年代,建构主义理论在美国兴起,它是多学科交叉发展的必然结果,具有体系复杂、流派众多等特点。

建构主义理论的兴起不仅在于将人类认识的能动性揭示出来,还在于将人类认识对经验、环境等的作用予以揭示,并且强调人类认识会随着环境的改变而改变,这些对于教学而言有着十分重大的意义。因此,建构主义理论越来越成为国内外深化教学改革的重要指导思想。

建构主义理论的演进非常复杂,其思想源于18世纪初意大利学者维柯(Vico)、德国哲学家康德(Kant)的理论,而瑞士心理学家皮亚杰(Piaget)与苏联心理学家维果斯基(Vygotsky)是建构主义理论的先驱。

1. 建构主义学习理论的基本观点

建构主义学习理论的基本观点有下几点。

①学习者的学习过程是在原有的认知结构与新接受的感觉信息相互作用的基础上,通过新旧知识经验间反复的相互作用,对外部信息主动加工和处理的过程。

②学习过程中的建构包含两个方面:一是运用已有经验进行新知识意义的建构;二是对原有经验的改造和重组。

③提倡合作式学习。因为每个个体建构意义的方式或角度等都是独特的,只有彼此间相互合作才能弥补个人对知识理解的不足,减少理解的偏差。

建构主义学习环境的四要素包括情境、协作、会话和意义建构。

①情境是学习者进行学习活动的社会文化环境。

②协作是学习者与学习者之间、教师之间或学习者、教师与网络交流者之间进行合作学习。

③会话是学习者在协作过程中，通过多种方式的信息交流，以实现信息共享。
④意义建构是学习的最终目标。

2. 建构主义学习理论的主要特征

建构主义学习理论呈现出以下三个特征。

①强调学习者之间的交流与合作，主张学习者在互动时应该主动学习目的语。从这一意义上说，互动是语言运用的前提与基础。

②强调语言学习与学习者的社会经历之间有密切的关系，因此将二者结合有助于学习者有效掌握目的语。

③强调学习者与教师之间展开互动，强调教材对学习者的意义。这在一定程度上改变了教材的编写形式，也转变了教师在课堂上的角色，并对教学设计提出了更高层次的要求。

建构主义学习理论指导下的教学设计除将教学目的涵盖在内外，还需要将学习者建构意义时的情境考虑进去。也就是说，教师需要将创设情境视为教学的一项内容。

## （二）行为主义学习理论

行为主义诞生于美国，它是 20 世纪初心理学革命的产物。与传统心理学研究的内容不同，行为主义认为心理学研究的范围不应该只包括人脑中的意识，还应该包括由人脑折射出来的人的行为。

行为主义学习理论经过无数学者的研究逐渐发展起来，其发展过程可以分成两段进行梳理：第一，早期行为主义发展阶段，这一阶段主要以美国心理学家华生（John B. Watson）为代表；第二，新行为主义发展阶段，这一阶段主要以美国心理学家斯金纳（Burrhus F. Skinner）为代表。正是由于在这两个阶段中繁荣发展，行为主义学习理论才愈加成熟。行为主义理论主要可以归结为以下六种观点。

①语言是人类行为的一种，它的形成需要外界条件的刺激，不过，语言一旦形成就会成为人的一种习惯。

②在语言习得与语言学习过程中，语言行为与习惯发生的变化都是外部因素作用的结果，与内在因素无关。

③儿童语言习得是有一定规律可循的，该规律为：发出动作—获得结果—得到强化。

④学习是刺激与反应共同作用的结果，可以用公式"S—R"（S 表示来自外

界的刺激，R 表示个体接受刺激的行为反应）描述。通常来说，什么样的刺激就会产生相对应的反应。

⑤学习过程比较复杂，是尝试、不断重复、再尝试，直至成功的过程。学习不能一蹴而就，要循序渐进，学习者要先学习一部分内容，然后再扩展到整体内容。

⑥学习能否成功跟强化有很大的关联性。语言知识不是经过一次学习就可以永久掌握的，它需要不断的正强化。正强化就是在学习过程中学习者获得的成就感以及来自其他人的鼓励，帮助学习者形成稳定的语言习惯。

在英语学习过程中，行为主义学习理论可以发挥重要的作用。社会总是处在不断的发展变革中，学习者的学习环境及需求也会发生明显的变化。但即使是这样，在学习过程中学习者也会有意、无意地践行着行为主义学习理论。例如，在学习者进行语言学习的初期，学习者对别人学习的观察以及模仿其实就是对行为主义学习理论的践行。虽然行为主义学习理论在语言学习中发挥了不小的作用，但是我们也应该清醒地意识到，其还有很多的不足。比如，它只强调人类学习过程中的外部因素，对影响人类学习的内在心理因素予以否认，这就在很大程度上忽视了人在学习过程中的主观能动性。

## （三）人本主义学习理论

人本主义心理学是在批判行为主义心理学和精神分析心理学的基础上发展起来的，被称作心理学的"第三种势力"。它兴起于 20 世纪 60 年代，代表人物有美国心理学家马斯洛（A. H. Maslow）和罗杰斯（C. R. Rogers）。

人本主义注重人的独特性、自由、理性、发展潜能，认为人的行为主要受自我意识的支配。学者要想充分了解人的行为，就必须考虑到人们都有一种指向个人成长的基本需要。

### 1. 需要层次理论

马斯洛提出的需要层次理论是动机理论的核心。他认为人类行为的驱动力是人的需要。

马斯洛将人的需要分为生理需要、安全需要、归属与爱的需要、尊重的需要和自我实现的需要，并且这些需要之间存在一种由低到高的等级递进的关系。只有低级的需要被满足后，才能进一步满足更高级的需要，其中生理需要是最基本、最低级的需要。自我实现的需要是指人天生具有一种潜能，只有充分发挥自己的潜能，最大限度地发展自我，才能获得持续的满足感。

这些需要可以分为两类：第一类需要是缺失需要，为人与动物所共有，包括生理需要、安全需要和归属与爱的需要；第二类是生长需要，为人类所特有，包括尊重的需要和自我实现的需要。只有满足了第二类需要，个体才能进入心理的自由状态，实现人的价值，产生幸福感。

在英语学习中，学生是否达到所要求的水平并不重要，重要的是他们思考着、创造着并且积极地体验着学习活动的全过程。为了满足自我实现的需要，学习自然会成为学生生活当中必需的活动之一。

人本主义学习理论认为人的成长和学习动力主要来自自我实现的需要，这种满足感使得人们产生学习的动力，而不断学习又能使他们获得更大的满足感，学习就是在这样的循环中不断进行着。

2. 非指导性教学理论

罗杰斯将心理咨询的方法移植到教学中，提出了非指导性教学理论。他认为，教学活动应把学生放在中心位置，把学生的"自我"看成教学的根本要求，所有的教学活动要服从学生"自我"的需要，即"非指导性教学"的基本取向是促进个体的"自我实现"。自我实现需要"意义学习"。所谓"意义学习"，就是使个体的行为、态度、个性等发生重大变化的学习，这种学习在于充分挖掘个体与生俱来的学习潜能，使以认知为中心的左脑和以情感为中心的右脑得到充分发展，从而培养出"完整的人"，即认知与情感协同发展的人。意义学习的动力来源于学习者自身，并渗透于整个学习过程。学习者要通过自我反省、自我体验和自我评价，在相互理解、支持的融洽的学习氛围中认识自我、展示自我和实现自我。

罗杰斯将教师定位于"促进者"的角色，这体现在以下几个方面：一是帮助学生引出并澄清问题；二是帮助学生组织材料，为学生提供广泛的学习活动；三是作为一种灵活的资源为学生服务；四是作为小组成员参与活动；五是主动与小组成员分享自己的感受。

## （四）二语习得理论

1. 克拉申理论

20 世纪 80 年代初，美国语言教育家克拉申（S. Krashen）针对第二外语的习得提出并发展了克拉申理论。该理论是最具争议的第二外语学习理论之一，共包括以下五部分。

（1）习得—学习假设

克拉申认为，"学习"和"习得"不同，它们是培养外语能力的两种途径。学习是学习者通过课堂学习等方式有意识地掌握语言知识的过程，而习得是学习者在无意识的状态下形成并掌握语言能力的过程，是一种类似于小孩子学习母语的过程。学习与习得的区别具体如表1-1所示。

表1-1　学习与习得的区别

| 学习 | 习得 |
| --- | --- |
| 意识到的过程 | 不知不觉的过程 |
| 获得明示的语言知识 | 内化隐含的语言规则 |
| 正式学习有助于语言知识获得 | 正式学习无助于习得 |

克拉申认为，语言学习只能监控和修正语言，却不能发展交际能力，外语应该通过习得来获取。另外，习得能够发展交际能力。

（2）自然顺序假设

克拉申认为，一种语言的语法规则或结构是按一定的、可以预知的顺序习得的，这种情况也适用于第二语言（外语）的学习。

在把英语作为第二语言习得的过程中，儿童与成年人对进行时的掌握通常要比对过去时的掌握要早，对名词复数的掌握通常要比对名词所有格的掌握要早。

但是，在克拉申看来，人们在制订教学大纲时，无须将自然顺序假说作为依据。实际上，若英语教学的目的是使学生获得某种语言能力，则教学的实施可以不必依据语法顺序来进行。

（3）输入假设

在克拉申看来，理想的输入应具备以下四个特点。

首先，应具有足够的输入（i+1）。"i+1"是克拉申提出的著名公式。其中，"i"代表学习者现有的水平，"+1"表示语言材料应略高于学习者目前的语言水平。这意味着，只要学习者能理解输入的材料，且达到了一定的量，就已经自动有了这种输入。

其次，输入内容应具有可理解性。输入的语言必须可以理解，不可理解的输入对学习者不仅无用，而且会降低学习者学习的积极性。可理解性的语言输入是语言习得的必要条件。

再次，输入内容应既有趣又有关联。趣味性与关联性可以增强语言习得的效果。

最后，输入内容应按照非语法程序安排。在语言习得的过程中不必按语法程序安排教学活动，重要的是要有足够的可理解的输入。

按照克拉申的英语教学理论，教师在英语教学时应尽量向学生提供可理解的语言输入，使用一切手段来增加语言输入的可理解性。

（4）监察假设

克拉申认为，有意识的习得（知识或规则）只能起到监察的作用。这种监察作用可以发生在写或说之前或之后。

需要指出的是，习得的监察作用必须具备三种条件才能发挥作用：有足够的时间；知道规则；注意语言形式。此外，这种监察作用在不同的语言交际活动（如口头表达与书面表达）中会产生不同的交际效果。

（5）情感过滤假设

"情感"指学习者的动机、需求、信心、忧虑程度以及情感状态。这些情感因素会对语言的输入起到促进或阻碍的作用，因而又被视为可调节的过滤器。

根据情感过滤假设，英语学习者的积极情感态度有助于其更多地输入目的语，而消极情感态度则会过滤掉很多目的语。因此，教师应避免给学生施加压力，要努力创造一种轻松愉快、自由自在的学习气氛。

2. 斯温纳的输出理论

加拿大教育家斯温纳（Swain）则认为，输出在第二语言习得中有着显著的作用。斯温纳提出假设的依据是"浸泡式"教学实验。浸泡式教学的主要原则是将第二语言作为理解其他学科的工具，而语言习得则是理解这些学科信息及内容的"伴随产品"。斯温纳在加拿大进行的浸泡实验表明，尽管学习者通过几年浸泡，获得了足够的语言输入，但他们并没获得如本族语者那样的语言的产生能力。斯温纳认为，造成这样现象的原因不是学习者获得的语言输入有限，而是他们的语言输出活动不足，学习者没有足够的机会在课堂环境中使用语言，以及学习者没有在语言输出活动中受到"推动"。斯温纳认为，语言输出活动不是如克拉申所说的那样只是体现了习得的语言，而是有着多方面的作用。

斯温纳认为语言输出有三个功能：①促进学习者对语言形式注意的功能；②提供学习者进行检验自己提出假设机会的功能；③提供学习者有意识反思机会的功能。

斯温纳要论证的是上述三个功能。俗话说"熟能生巧"，语言输出活动，因为能提供更多让学习者练习使用语言的机会，能增强学生使用语言的流利性，所以看起来不会有较大的争议。

斯温纳认为，当学习者进行"产生语言"的活动时，他们可能会碰到一些语言方面的问题，这些问题会使他们注意到某一个他们不懂或只懂得部分的语言项目。这样学习者就会注意到他们所需表达的意思和他们能用语言形式来表达该意思之间的差距。这种对语言形式的注意能帮助他们习得某一种语言形式，因为这种对语言形式的注意会激活他们的认知活动，而这种认知活动有助于学习者巩固已有知识和学习新知识。

同时，学习者在口语和书面语方面的一些错误表露了学习者想在语言使用时进行某种策略的尝试。在学习过程中学习者会经常性地提出某种假设并对假设进行检验。为了对假设进行检验，学习者要做一些事情，而做事的方法之一就是以口头或书面的形式使用语言。因此，语言输出活动是学习者为进行交际使用新语言形式和结构的尝试，他们可以通过语言输出察看他们提出的结构和形式是否行得通。从这个意义上来说，语言输出活动为学习者检验自己的假设提供了机会。如果没有语言输出活动，学习者就不能获得验证他们提出的假设的机会。

此外，语言输出为学习者提供了有意识反思的机会，能促进学习者控制和内化自己的语言。斯温纳在自己的文章中还以自己做的实验来证实这一看法。

## 第五节　高校英语教学改革与人才培养的关系

### 一、英语教学与人才培养的关系

高校最直接的人才培养方式就是课堂教学。在实际的教育中高校要把培养具有创新素质的人才和具体学科教学有机地结合起来。对于在校学生而言，英语是一门重要的必修课，将伴随学生的学校生活。在英语教学中如何帮助学生完成语言知识的学习，同时培养学生的创新能力、全面提高学生的素质，是摆在各高校面前的重要课题。

目前国内教育界已经明确提出学校教育中英语教育的人文性和工具性特征。在人文性方面，强调重视英语教育对人的情感、态度和价值观等基本素养的培养作用。因此，英语课应与高校其他课程一样，对学生进行素质教育，在培养学生创新精神、自主学习能力与实践能力的同时，结合英语的特点，使学生认识中外文化的差异，让学生逐步增强世界意识和形成健全的品格。在工具性方面，高校英语教学的目的应突出对学生综合运用能力的培养。这就要求高校英语教学要从自身创新开始，在教学原则、教学模式、教学内容以及课程考核等方面做到科学，不拘泥于"填鸭式"教学，从而对学生创新能力的培养起到潜移默化的影响。

## 二、以人才培养为导向推动高校英语教学改革

在当今经济全球化背景下，社会各界使用英语的场合和范围不断扩大，对大学毕业生英语水平的要求越来越高。许多大学生尽管通过了全国大学英语四、六级考试，可很难用得体的英语与他人进行交流，这与我们培养复合型人才的目标相去甚远。因此，必须对高校英语教学进行改革，在培养目标、教学方式、教学内容等方面进行研究和探讨，使之更好地符合时代发展的需求。

第一，培养学生的语言交际能力是英语教学改革与发展的根本目的。近几年来，中国人学习外语的教学研究与习得研究得到了广泛的关注。我国自改革开放以来大量引进国外语言学和应用语言学语言习得理论并运用到我国英语教学的实践中，这些都是可喜的现象。

然而，语言教学的最终目的是实现交际功能，因此教师在具体的教学改革中，应当按照应用语言学的教学理论进行教学。首先确立教学思想与目标，然后确定教学大纲和教材，最后选定教学方法。在实际教学工作中，各种教学活动都应围绕提高学生的语言交际能力这一中心思想，把学生置于实践中心。

语言教学应让学生了解语言的功能主要有三个方面：语言是交际的工具、语言是认识世界的工具和语言是艺术创作的工具。语言教学应当着重培养学习者四种基本能力：第一是语法能力；第二是社会语言能力；第三是表意技巧能力；第四是话语表达能力。这四种能力统称为交际能力，而交际能力必须经过培养才能获得。这种把语言教学理论引进教学实践工作中的做法将使教育者和语言学习者都能做到"有的放矢"，达到英语教学的真正目的。

第二，培养学生学习的可持续发展能力是英语教学改革与发展的重点。按照《大学英语课程教学要求》，大学阶段英语教学要求分为三个不同的层次，即一般要求、较高要求和更高要求。其中一般要求是高等学校非英语专业本科毕业生应达到的基本要求。较高要求或更高要求是为有条件的高等学校根据自己的办学定位、类型和人才培养目标所选择的标准而推荐的。各高等学校应根据该校实际情况确定教学目标，并创造条件使那些英语水平较高、学有余力的学生能够达到较高要求或更高要求。根据一般要求的目标，学生在听、说、读、写、译方面的能力只限于熟悉的话题和一般性文章。随着双语人才培养的普及化，学生的英

语水平仅仅达到一般要求尚离双语教学的目标甚远，仅仅通过高校英语教学还不能达到培养国际通用人才的要求。因此，在高校英语教学中除了要教给学生基础知识之外，还要强调培养学生学习的可持续发展能力，完善学生的知识结构，促进学生个性的发展，让学生在修完高校英语课程之后能够通过自主学习达到社会要求。

第三，以文化教学强化学生交际能力。由于受到应试教育的长期影响，有些教师对英语国家相应的文化知识没有予以足够重视，而仅仅针对英语学习当中的语法、词汇及语音等方面予以教授，或者仅仅针对学生在听、说、读、写等方面的能力予以培养。

从英语教学法的相关书籍中可以看出，教师在具体教学内容上往往是对英语语法及词汇等方面进行教学，而对文化知识方面的传授不够重视。所以，学生在具体的语音、语法方面较为擅长，但是在具体实际交际当中存在沟通不畅的状况，甚至还会出现"交际失误"的现象。

因此，高校可根据实际需要开设相应的有关国家文化背景方面的知识讲座，或者在课时安排上可以加入相应的选修课，将外国的地理、历史及风土人情等知识融入其中，从而最终实现对学生各项语言能力予以综合培养的目的；并将文化教学在具体的语言形式教学当中予以运用，培养学生的英语运用能力，从而最终实现复合型人才的培养目的，满足经济全球化背景下人才的需求。

## 第六节 培养复合型英语人才的意义

第一，复合型英语人才培养模式，打破了以往长期沿用的纯语言、纯文学的人才培养模式。在保持英语优势的前提下，高校英语专业应努力创造多种复合型人才培养的具体形式，以培养出受社会欢迎的、有特色的、高质量的复合型人才。

第二，复合型英语人才的培养实际上就是要走出以往英语人才培养模式的误区。21世纪所需要的新型人才不是那种知识面窄、独立性差、不会进行创新性思维的人，而是语言基本功扎实、知识面宽、头脑灵活、思路开阔、社会适应力强、在工作中能独当一面的人。

第三，培养复合型英语人才有利于更好地满足市场经济对英语人才的要求，提高学生英语应用能力。中华人民共和国国家教育委员会在《关于外语专业面向

21世纪本科教育改革若干意见》中指出:"被调查的国家部委、国有企业、外经贸公司、部队和教育部门对于单一外语类毕业生的需求量已降至零,而期望外语专业本科生具有宽泛知识的则占66%;由于社会对外语人才的需求已呈多元化的趋势,过去那种单一外语专业和基础技能型的人才已不能适应市场经济的需要,市场对单纯语言文学专业的毕业生的需求量正逐渐减少。"我国每年仅需要少量的外语与文学、外语与语言学相复合的专业人才来从事外国文学和语言学的教学研究工作,而大量需要的则是外语与其他学科,如外交、经贸、法律、新闻等结合的复合型人才。培养这种复合型的外语专业人才是社会主义市场经济对外语专业教育提出的要求,也是新时代的需求。因此,外语专业必须从单科的经院式人才培养模式转向宽口径、应用型、复合型的培养模式。英语专业更是如此。

市场经济呼唤宽口径、适应性强、有相当应用能力的复合型英语人才,社会对人才英语能力的需求呈现出多元化、专业化趋势,英语的工具性和应用性特征日益明显。也就是说,为了顺应时代变化对英语人才规格提出的新标准,英语专业的学生除了要掌握自己本专业的语言知识,了解语言文化研究、翻译理论等知识体系之外,还要尽可能多地学习与跨文化语言交流关系密切的其他行业的相关知识,从而使自己的语言优势与未来的从业选择有机地衔接,使自己在保留专业优势的前提下更具竞争力。

第四,培养复合型人才是顺应我国教育体制改革的必然趋势,有利于缓和英语专业就业不易的问题。由于人才市场对单纯语言文学专业毕业生的需求量正逐渐减少,而对应用型、复合型人才有着大量需求,因此我国教育体制也应进行相应的改革,无论是英语专业理论课程还是实践课程都应与时代和社会接轨,着重培养英语复合型人才。

此外,近几年英语专业的严峻就业形势要求高校培养复合型人才。自1999年各大高校扩招以来,英语人才激增,传统的英语就业岗位近于饱和。近几年,英语专业已被列入高失业率专业的榜单,单一性人才几乎无法找到对口职业。因此,培养英语复合型人才会在很大程度上缓解英语专业严峻的就业形势。

# 第二章　高校英语教学模式

传统的高校英语教学模式不适应新时期的要求，限制了学生的个性发展。因此，积极推进高校英语教学模式改革，成为高校英语改革的当务之急。高校英语教学模式的改革关系到英语教育的未来，是培养新一代英语人才的必然要求。本章分为网络教学模式、情感教学模式、分级教学模式、个性化教学模式、多媒体教学模式五部分，主要包括网络教学模式的定义、网络教学模式的理论基础、网络教学模式的分类、情感教学模式的定义、情感教学模式的理论基础、分级教学模式的理论基础、国内的个性化教学模式等内容。

## 第一节　网络教学模式

### 一、网络教学模式的定义

国内对网络教学的界定一般是将其作为一个复合词来理解，即"网络"和"教学"的有机结合。其中"网络"不仅仅指计算机网络，也包含最新的移动互联网络以及其他新媒体网络，它们最为明显的共性特征是都可以实现交互信息的传输与共享。"教学"是教师的"教"与学生的"学"相统一的活动。在传统教学之下，更多强调的是教师的"教"；而在网络环境下，"网络"与"教学"得以有机结合，使传统概念之下的"教学"概念和活动得以延伸。

国外学者关于网络教学的定义有很多。例如，教育学家阿利指出："网络教学是学习者通过互联网获取学习资源的过程。通过网络与学习内容、教师以及其他学生进行互动，学习者在学习过程中得到学习支持服务，获得知识，建构个人的意义以及在学习经验中得到成长。"又如，教育学家皮斯库里齐指出："网络教学是使用网络进行传递、互动甚至导学的形式。"

综合国内外学者对于网络教学的定义，认为网络教学是基于互联网所开展的一系列的教与学的活动。基于此，本书认为，广义的网络教学是基于网络技术和网络资源所开展的各种教学活动，包含网络辅助教学、网络公开课、慕课等形式；狭义的网络教学则是指一种具体的网络教学方式。

## 二、网络教学模式的理论基础

### （一）语言监控理论

随着网络技术和资源辅助英语学习的趋向越来越明显，研究者们纷纷从不同角度来研究和探讨网络技术对英语学习辅助作用的理论基础。克拉申第二语言习得理论中的语言监控理论是网络教学模式的理论基础之一。

语言监控理论认为，在第二语言习得中，习得比学习更重要。为了能够习得语言，必须具备两个条件：一是能够理解的语言材料应该是"i+1"，即学生在现有的语言水平基础上略提高一步的输入语言材料，且输入的语言材料应该能被学生所理解；二是学生心理障碍应该小，这样才能使输入内容易于吸收。克拉申认为，第二语言习得有两方面的途径：一方面是学生把注意力有意识地集中在目的语的形式特征上，即"有意识地学习"；另一方面是学生运用下意识的过程，表现为学生在运用目的语进行真正的交际时，注重的是意义而不是语言形式，即"潜意识的习得"。习得是主要过程，学习只是以"监控者"的身份运用自己学到的语言对所说的话起一种监控和修正作用。

克拉申的第二语言习得理论中的语言监控理论所强调的输入语、习得、降低情感障碍的思想对第二语言习得研究者有很大的启发。因此，把克拉申的语言监控理论运用于大学英语网络教学，探讨语言监控理论与大学英语网络教学之间的关系，以及基于此理论指导下的网络教学模式应该怎样进行，是非常有必要的。

### （二）输入假设理论

克拉申认为，大量的语言输入是语言习得机制发挥作用的必要条件。同时，他强调这种语言输入必须是有效的。有效的语言输入应具有以下特点：可理解性、趣味性、非语法程序安排、足够的输入量。此外，他认为语言输入的内容全部是学生能够很容易理解的材料也是不可取的，这将无法起到激发学生兴趣和动机的作用。克拉申指出："为使语言学习者从一个阶段进入另一个更高的阶段，所提供的语言输入中必须包括一部分下一阶段的语言结构。"这样一来，学生可在自己的水平基础上通过不断的努力学习，吸收所接触的语言材料，逐步提高其使用目的语的技能。

克拉申特别强调，语言习得是学生通过理解信息，即通过接收"理解性输入"而产生的。这就是说学生一定要能够理解输入的语言材料，所以这些材料不能过于复杂，否则学生就会把注意力集中在语言的形式上，而无法集中在语言交流的意义上。一旦学生将他们的主要注意力放在理解语言的结构和复杂的概念上，语言输入就在一定程度上失去了其真正的目的。

网络教学模式是在现阶段我国英语学生语言输入环境不足的情况下产生的，反映了学生的需求。相对于传统课堂，网络技术提供的巨大资源库和与教学软件相关的各种链接极大地弥补和扩充了传统教材在内容和形式方面的不足，为学生提供了广阔的学习空间，增加了学生的语言输入。

### （三）建构主义教学理论

20世纪60年代，瑞士心理学家皮亚杰提出建构主义这一概念。它属于认知心理学派中的一个分支。对于建构主义教学观而言，其与传统教学观的根本区别是对知识和教学主体作用的不同看法。传统观点认为，教育的目的是把前人所获得的知识传递给学习者，学习者是知识的被动接受者。建构主义则认为学习是学习者以自身已有的知识和经验为基础的建构活动，每一项新的学习活动都与学习者已有的知识和经验直接相关。建构主义理论倡导的学习不是由教师将知识传递给学习者，而是由学习者自己建构知识的过程。因此，学习不是学习者被动接收信息，而是主动地参与信息的认识与理解的过程。

从上述理论可以看出，建构主义教学理论注重以原有的经验、心理结构为基础来建构知识，突出强调学习的主动性、社会性和情境性。学者杜秀莲认为，学生要成为意义的主动建构者，就要在建构意义的过程中用探索、发现等多种方法主动去搜集并分析相关的资料和信息，要把当前学习内容所反映的事物和自己已知的事物相联系。

教学理念和教学理论是网络教学模式的灵魂，也是构建网络教学模式的基石所在。但历史发展的实践过程和逻辑论证都表明，没有哪一种教学理念或理论是完全正确的，每种理念、理论都有其优点和不足，因而都有其适用的领域。因此，我们在确定网络教学模式的理论指导之前，首先要正确理解各种思想理论的优点和不足以及适用的教学环境，然后根据自身的教学条件做出合理的选择。

## 三、网络教学模式的分类

### （一）网络自主接受模式

网络自主接受模式一般由三种要素构成：学生个体；学习内容，指的是网络课件，即通过网络传输并由计算机作为媒介呈现的图文、声像等语言材料内容；学习指导者，指的是计算机和教师。

网络自主接受模式所传递的主要是客观类的知识和技能，主要以选择、填空、拖动配对等具有明确答案形式的问题为主。通过设定计算机的识别和反馈程序，可以自动批改作业、矫正错误并提供解答；另外，可以通过设定计算机程序，自动探测学生的学习背景和学习风格，然后为其提供适合的学习材料和学习路径。这时我们可以把计算机称为"智能导师"，因为它实际上扮演了教师的角色。而对学生在学习过程中遇到的各种问题，尤其是一些个性化的难题，以及人际情感沟通方面的问题，则需要教师通过网络交流工具如学习论坛来帮助学生解决。

### （二）网络自主探究模式

网络自主探究型模式一般是由学科教师设立一些适合学生的有待解决的问题，通过班级群向学生发布，引导学生解答并进行专题自主探究学习。与此同时，提供大量的、与问题相关的信息资源供学生在解决问题过程中查阅。教师可以通过计算机按照每个学生对教学的反馈而分别组织教学和制定教学进度，甚至诊断学生的学习需要，提供适合于他们的教材和活动。网络自主探究教学模式实现的技术简单，价格相对低廉，又能有效地促进学生的积极性、主动性和创造性，能够克服传统教学过程中的最大弊端，所以在教学中有广阔的应用前景。

### （三）网络集体传递模式

网络集体传递模式的一般构成要素是：学生群体；学习资源；教学指导者。这一模式一般有两种教学过程。其一是完全虚拟的网络课堂，教师和全体学生在约定的时间登录属于他们的网络"班级"，教师在虚拟的网络课堂上讲解新课学习内容，组织练习、讨论等活动，对学生的提问给予必要的反馈指导；其二是自学加集体指导型，学生选择自己方便的时间自主观看教师布置的学习资源，如一些多媒体课件，然后教师通过网络实时教学系统为学生提供指导、讲解和答疑。

## （四）网络协作探究模式

基于网络的协作教学模式是一种在讲授式学习模式和个别化教学模式的基础上发展而来的教学模式，是教师利用计算机网络以及多媒体等相关技术，与处于不同地理位置的多个学习者或在多媒体网络教室中的学习者，在交流与合作中共同完成某项教学任务与教学活动。学习者根据合作主题，借助网络通信工具结成学习伙伴，协商设计合作方案，讨论探索，展开合作行动，最终完成学习任务，理解与掌握教学内容。

与个别化学习模式相比，协作学习模式有利于促进学生高级认知能力的发展，以及学生健康情感的形成。协作学习把一个小组当作一个认知系统，这个系统关注的不是个人的贡献，而是与他人及环境的交互作用和由小组建立起来的共享的表示方法。协作学习之所以有效，是因为学生学会的是交互式思考的方式。

协作学习的优势在于：①在同伴间进行协作学习要胜过个人的努力。协作学习让学习者拓宽了思维，可以从别人那里获得不同的观点和意见，从而实现资源共享。他们共享的不仅是学习的资源、学习的过程，更是智慧的结晶。②协作学习中师生处于平等的地位。在协作学习时，大家处于同样的学习环境，拥有同样的网络学习资源，而且网络的隔离性为性格内向的学生减少了面对面带来的压力。在这样的学习环境中，师生可以平等对话，不必要考虑对方的身份、地位。这样更有利于解决教学中的问题。③在群体中学习，通常会促使学习者产生高度的学习动机，让学习者对团体产生参与感、认同感与归属感。这些是学习者需要与同伴相互作用才能够产生的心理需求，是传统课堂教学与独自的个别化学习环境中所缺乏的。

# 第二节　情感教学模式

## 一、情感教学模式的定义

### （一）情感

情感作为一种态度，是态度整体中的一部分，不仅包括内在感受、内在意象，而且包括客观生理的评价与体验。一般来说，情感包括道德感和价值感两个层面。

道德感主要是人们从道德体验角度出发,判断所拥有的情感是否符合思想道德标准,而价值感则是人们根据世界观、人生观做出判断,确定个人价值观念是否合乎常理。

根据心理学的相关界定,情感是人对客观事物是否满足自己的需求而产生的态度体验。情感可以分为对物品的情感、对人的情感、对自己的情感,以及对特殊事物的情感等。情感是人赖以生存的心理工具,能够及时地激发心理行动和心理活动,又能在一定程度上促使心理活动的有效组织。人与人之间在进行社交往来时,情感有助于人的情感表达和交流。

### (二)情感教学

情感教学区别于认知教学,是通过情感要素的贯彻与表达,将情感贯穿于日常教学中。情感教学强调教师通过特殊的教学手段,激发或调动学生的学习积极性和主动性,保证他们能够正确地适应教学活动的安排需求,使他们积极地参与到各大活动中。将情感要素注入日常教育教学过程中,能对学生的生理发展和心理发展起到催化和引导作用。通常情况下,倘若教师能够将情感教学应用到位,就能够根据目前已有的情感或情绪,充分调动学生的非智力因素,保证学生能够以良好的心态参与其中。而在多次情感教学试用后,课堂教学效率和教学效果都将在现有基础上有大幅度的提高。

## 二、情感教学模式的理论基础

### (一)人本主义学习理论

兴起于20世纪五六十年代的人本主义心理学以马斯洛和罗杰斯为主要代表人物,这一理论的兴起使美国产生了一股心理学的思潮,其中的人本主义教育理论就是该理论的重要内容之一。根据人本主义教育理论的观点,我们应充分重视学习者的认知结构和学习者的情感教学,同时还应充分重视学习者个性和创造性的发展。在教学中应围绕学生这一中心,给学生以自我选择和发现自我的机会。罗杰斯还指出,在教学中应注重发展学生的个性,并使学生的内在学习动机得以充分调动,同时要求创设和谐融洽的人际关系。

根据罗杰斯的人本主义学习观,有意义的学习与经验学习都是最为重要的学习形式。教师作为学习的促进者,应鼓励学生借助多元化的学习方式,如讨论、探究、体验、实践等,来发展他们的听、说、读、写等综合语言技能。同时,还应对学生的情感给予充分的关注，应努力营造民主、宽松、和谐的教学氛围，对每个学生个体都给予充分的尊重。

此外，对大学生而言，我们还应将就业作为导向，将英语教学同情感教育进行有机结合，开展各种各样的合作学习活动，使学生之间形成互帮互助、相互学习、共享集体荣誉感和成就感的局面，同时应尽可能地建立民主、融洽的有效交流渠道。

### （二）认知主义学习理论

认知主义学习理论也是情感教学模式的理论基础之一。根据认知心理学的观点，假如输入大脑中的信息富于实用性和趣味性，那么当这些信息到达大脑这一中心加工器时，人就会产生兴奋的情感，同时会使活跃的思想、行为等快速输出。所以，如何确保所输入的信息兼具实用、趣味的特点呢？其中，最为关键的一点就是要摒弃单纯地传授语言知识这一理念，而应使语言知识的传授和真实的生活有机结合起来，这样一来，更加便于学生产生兴奋点，同时也对激发学生积极参与、培养学生运用英语的能力非常有帮助。要想更好地培养学生在真实生活中运用英语的能力，应对所要教授的教学内容进行充分分析，同时对教学条件以及教师和学生的实际情况给以充分考虑，设计出能在课堂上展开并能在真实生活中运用的任务，将情感教学融入英语教学中，摒弃传统的以传授语言知识为主的教学模式，使课堂语言教学活动更加接近自然的语言习得过程。

根据认知理论的观点，英语学习的过程是新旧语言知识持续结合的过程，同时还是理论知识转化为自动应用能力的过程。通常，这种结合与转化往往需要通过学生自身的活动才能实现。那么，在学习新内容时就应充分调动学生的情感并激发学生的兴趣和思维，以此来最大限度地优化学习和教学效果。

## 三、情感教学模式的特点

### （一）兴趣性

从目前的发展来看，情感教学呈现出兴趣性这一基本特性。这主要表现在具体开展情感教学过程中，教师和学生通常对情感教学有较大的兴趣，他们不仅愿意通过情感教学案例的细致分析，理解情感教学背后课程的重难点内容，而且也愿意通过情感教学案例的解读，促进师生间的交流与互动。情感教学作为感性教学，高度注重学生兴趣的培养。这也就意味着，当教师和学生未能针对情感教学提起足够的兴趣时，情感教学就会存在一定的限制。反之，当教师和学生高度重视情感教学时，他们会热衷于参与到情感教学案例的分析和解读中，所以情感教育的兴趣性自然就表现得较为明显。尤其是在一些相对困难的情感教学案例分析中，学生是否对情感教学本身有着浓厚的兴趣，就会显而易见。

### （二）发展性

情感教学作为特色教学，自然需要具备一定的发展性。传统的教育模式，仅仅注重知识点的讲解和记忆，欠缺灵活变通的多元式教学方法，因此，实际的教学效果并不乐观。而情感教学突破传统教育模式，具有一定的前瞻性和前沿性，所以情感教学的发展性自然也较为明显。在现代化发展过程中，情感教学不但内容开始呈现高度的发展性，教学案例的选择往往与时俱进，而且教学的方式也开始注重发展性。

从目前的教育教学效果看，教师在日常落实情感教学过程中，不再以单一的口头陈述或纸质刊印的方式，将情感教学案例告知学生，而是凭借多媒体技术，在投影仪上，将相关的情感教学案例予以充分呈现。因此，情感教学的发展性比较明显。

### （三）整合性

区别于传统的教育模式，情感教学强调多种教学内容之间的有机整合，因此，整合性也是情感教学的一大特点。在教师日常教学过程中，他们会通过情感教学方法的有效利用，实现教学内容的丰富化和教学模式的多元化，而在多次整合后，教师的实际教学效果就能在原有基础上进一步提升。尤其是从近几年的教师教学情况看，由于教师高度重视对情感教学内容及内涵的深刻认知，他们了解了情感教学的本质在于多种情感要素的整合。所以，凭借着对这种本质的深刻认知，大多数教师都会在日常授课时，整合多种情感要素，实现良好的人际情境的创设和情感活动的组织。而在教师与学生之间进行信息互动时，教师也会针对学生信息互动的相关内容，做出进一步的信息整合。

### （四）审美性

传统的教学模式仅仅注重对固有的教学体系的贯彻和对教学知识的记忆，实际的教学效果不太好。尽管部分教师能够根据教学需求，适当地调整或转变教学方法或教学理念，但实际的教学效果仍然未能达到预期水平。在这样的客观前提下，部分教师就会尝试通过审美阅读的方式，加强情感教学的有效贯彻。而在多次循环往复下，审美性的情感教学模式开始被广大教师和学生所共同认可，他们愿意在日常教育教学过程中，充分贯彻审美新理念，所以情感教学的实际效果自然也得到了大多数师生的肯定和认可。

## 四、情感教学模式的建构

### （一）充分调动和激发学生动机

动机是对语言学习产生影响的最基本的因素之一。因此，教师应高度重视对学生学习动机的调动和激发。要想更好地调动和激发学生的学习动机，教师需要借助学生本身所固有的好奇心来激发他们的求知欲。在当前的英语教学中，最为流行的激励方式就是创设问题情境。

具体而言，创设问题情境就是在内容的讲授和学生的求知心理之间制造一种"不协调"，引导学生进入一种同问题相关的情境中。但是，在创设问题情境时，应确保问题小而具体、难度适当、富有启发性和趣味性，并善于将需要解决的问题蕴含到学生需要掌握的基础知识中，在心理层面给学生营造悬念。需要加以注意的是，所创设的问题应以不挫伤和不降低学生的学习自尊为基本前提。根据马斯洛的需求层次理论，每一个个体都以实现自我价值和追求成功为其高级需求，但是这些需求的实现还必须以爱、自尊等比较低级的需求为前提。假如学生的自尊受到了一些不良因素的影响，将会产生不堪设想的后果。

### （二）创设轻松、愉悦的学习环境

学习环境是对学生情感产生重要影响的外部因素。学习环境不仅有利于陶冶学生的情感，同时还能有效激发学生的学习动力和热情，无形中对学生的身心发展起着潜移默化的作用。

通常，在愉快、轻松的学习环境中，学生的思维更加活跃，记忆力相对更强一些，学生通常能够处于最佳的学习状态。大学英语教师首先应该明白，要想为学生创设轻松愉悦的学习环境，最基本的就是给学生最大限度的自由，让学生能够在毫无限制的环境下全身心地投入学习中。当然，不仅如此，教师还应为学生创设民主的氛围，在此过程中，教师可充当学生的学习向导和学习伙伴的角色。学生在这种民主、自由的学习环境中，才会有一种安全感，也才能取得最佳的学习效果。

### （三）进行正确的归因训练和归因指导

建构情感教学模式还应进行正确的归因训练和归因指导，借此来提升学生的自信心、效能感等。事实上，归因理论是一种相对比较系统的认知动机理论。美国心理学家伯纳德·韦纳（B. Weiner）的相关研究表明，成功或失败的因果归因会引起期望的改变与情感反应，并进而对后继的行为产生很好的促进作用。由此可见，归因是有动机机能的。

学生的归因训练和指导是否正确，会在很大程度上对学生的学习情绪产生影响。学者福斯特林（Forsterling）也基于这一观点进行了很长时间的研究，并得出以下结论：只要给普通的英语教师提供一些训练和自学机会，这些教师便能够改变自己学生的归因模式与成就动机。教师的言行通常都会对学生归因模式的发展变化产生影响。与此同时，这也相应地给教师提出了更高层次的要求，即教师应相应地转变教学观念，在教学中逐渐增强情感教育的意识，从理论层面强化对情感教育意义的把握和理解，以此来提升自身的情感修养。

### （四）借助学习动机的迁移丰富材料呈现方式

建构情感教学模式还应借助学生学习动机的迁移来不断地丰富和完善材料的呈现方式。当前科学技术的发展使多媒体技术的运用日益普遍化。事实上，多媒体技术的普及和应用极大地丰富了教学呈现的方式。例如，教师在讲课的过程中运用图示、实验演示、播放录像、播放幻灯片等多种方法来培养学生对学习材料的浓厚兴趣。当然，也可以通过学生参与到具体的学习过程来达到激发学生兴趣的目的。只有学生真正地体验到了学习的乐趣，才能更加有利于其创造性和潜能的有效发挥。

# 第三节　分级教学模式

## 一、分级教学的定义

所谓分级教学，就是指教师把学生分为几个不同层次并以此展开针对性教学的过程。分级教学分为隐性分级教学与显性分级教学。隐性分级教学对授课教师的要求比较高，需要教师在备课时考虑到学生群体的差异性，继而对同一个班级不同水平学生进行不同的教学与评价等。教师对不同的学生采取差异性教学，在适当的分级策略和相互作用中使这些群体得到最好的发展，达到教学目标的整体落实。

## 二、分级教学模式的理论基础

### （一）i+1 语言输入假设理论

分级教学模式以克拉申的 i+1 语言输入假设理论为重要的理论依据。这个理论对分级教学模式的影响主要表现在以下两个方面。

①从课程理论角度来看，i+1 语言输入假设理论不仅注重知识的获得，更注重学习者获得知识的途径。具体来说，i+1 语言输入假设理论强调学习者在学习过程中应采取循序渐进的步骤、方法，这正是分级教学的精髓。

②从教学实践角度来看，分级教学根据学习者在性格、动机、态度、认知风格、语言技能等方面的差异来确立不同的教学目标、要求与方法，符合 i+1 语言输入假设理论的要求。

### （二）学习迁移理论

学习迁移指的是已学得的学习经验对如今学习的影响，一般包括两种影响：当之前的学习经验对学习起到促进作用时便是正迁移；反之，起到抑制或干扰作用时，则属于负迁移。

美国教育心理学家奥苏伯尔（Ausubel）的认知结构迁移理论认为，学习者头脑内的知识结构就是认知结构。当学习者对新知识进行同化时，其原有认知结构在内容与组织方面的特征就是认知结构变量。奥苏伯尔提出了影响新的学习与保持的三个认知结构变量，学习者通过操纵与改变这三个认知结构变量可以进行新的学习与迁移。以奥苏伯尔的认知迁移理论为基础，把对原有知识掌握水平相当的学习者安排在一起组织教学，即采取分级教学模式，能够促进学习的正迁移，取得较好的教学效果。

### （三）掌握学习理论

美国心理学家布鲁姆（Bloom）的掌握学习理论认为，学习者成绩不理想不是因为学习者的智慧欠缺，而是由于欠缺完备的设施与合理的帮助。当具备适当、合理的学习条件时，绝大部分学习者的学习能力、速度与动机等都会变得十分相似。因此，采取分级教学模式可为不同潜质的学习者提供多样化、个性化的教学手段，从而尽可能地将学习者的潜能挖掘出来。

## 三、分级教学模式的原则

### （一）循序渐进原则

循序渐进源自宋朝朱熹的《朱子大全·读书之要》。朱熹在总结自己的读书方法时提出："循序而渐进，熟读而精思""未得乎前，则不敢求其后，未通乎此，则不敢志乎彼"。遵循循序渐进原则，是指教师在传授知识时既要尊重知识的内在规律，又要采取学习者可以接受的教学形式。分级教学模式使教师得以在学习者英语知识体系的基础上进行教学，采取适合他们的教学方法，从而使学习者逐步提高语言技能。

### （二）因材施教原则

孔子曾提出，"柴也愚，参也鲁，师也辟，由也喭"。朱熹将其概括为"孔子教人，各因其材"，由此产生了"因材施教"的说法。所谓因材施教，是指教师要从学习者的实际出发，有的放矢地进行教育。

由于环境、教育、学生本身的实践等方面的不同，学生之间必然存在一定的差异性。近年来，随着扩招政策的推进，越来越多的学生得以接受高等教育，但不同学生在英语水平方面的差异不容忽视。在这种情况下，如果不对这种差异性进行充分考虑就把英语水平悬殊的学生安排在同一班级，很容易出现程度差的学生"吃不消"、程度好的学生"吃不饱"的尴尬局面，进而造成教学资源的巨大浪费。而分级教学模式承认学生之间的个体差异，可以为学生提供满足其自身需要的教学条件，从而取得理想的教学效果。

## 四、分级教学模式的实施策略

### （一）合理、科学地进行分级

分级教学不要求全体学生达到同一目标，而是按照不同的级别制定不同的教学目标。因此，进行合理、科学的分级是分级教学模式取得实效的前提。为此，应采用科学的分级试题和分级标准。具体来说，应以《大学英语课程教学要求》中的各级词汇量为基础来组织分级试题，同时应注意题目的层次性。分级标准则应对分级测试结果中的个人实际水平、个人意愿等因素进行综合考虑。在具体的教学实践中，将学生分为 A 级与 B 级两个级别较为合理。此外，为缓解 B 级班学生的心理压力，调动他们学习的积极性，可利用周末时间为他们补课。这样，B 级班学生可以尽快达到 A 级班学生的水平。

### （二）提高分级区分程度

高考英语成绩与摸底考试成绩是很多院校进行分级的标准。但是，常常有一些学生因为几分之差甚至一分之差而没能进入 A 级班，而这几分之差往往不能说明英语水平的高低。

因此，为了提高分级的区分度与合理性，可在分级时听取学生本人的意见，让学生进行双向选择。学生往往对自己的实际英语水平与兴趣点有较好的把握，让他们由被动接受转为主动选择可以增强其主体地位，提高他们在后续学习过程中的自觉性与积极性。

### （三）实施升降级调整机制

实施升降级调整机制，就是对学生的学习程度进行动态管理，使学生的级别随学习的兴趣、成绩以及能力的变化而变化。具体来说，B 级班的学生取得进步并达到 A 级班水平时，教师可将其升入 A 级班，以激励学生取得更大的进步。A 级班的学生未能取得进步且成绩滑落到 B 级班程度时，教师也可将其降入 B 级班，以给予其适当压力。需要注意的是，进行升降级的调整应坚持选拔与自愿相结合的原则，且应在一定范围内定期调整，不可过于频繁。

### （四）制定科学评价标准

在分级教学模式下，不同级别会采用不同难度的试卷，这就很容易造成一种尴尬现象，即英语水平高的学生所取得的英语成绩竟然低于部分水平低的学生。因此，为提高评价的科学性，可采取以下两种措施。

①采取终结性评价与形成性评价相结合的方式来确定最终成绩，具体办法是增加平时表现在总评成绩中的比重。

②根据各级别试卷的难度设定一个科学的系数，通过加权算法从宏观上调整两个级别的分数。

## 第四节 个性化教学模式

### 一、个性化教学模式的定义

个性化教学就其实质来说，意味着寻求各种不同的变体和途径，借以按照各种不同的个人特点去达到一般的培养目标。模式是体现事物的本质和一般特点的基本结构或基本式样，它舍弃了事物的细节，反映了事物的基本结构。教学模式专指反映特定教学理论轮廓的、为保持某种教学任务的相对稳定而具体构建的教学活动结构。

个性化教学模式反映的是注重个体发展的个性化教学理论的逻辑轮廓，是为保证达成个体个性发展教学任务的相对稳定而建构的教学活动结构。个性化教学具有以下内涵：①教学活动的既定目的是发展每个学生的个性。②在个性化教学中，可以充分发挥学生的自主性，尊重学生的兴趣、意愿与需要。③在培养目标一致的情况下，可以采取不同的教学形式和方法，如个别法、小组法和集体法。

### 二、国外的个性化教学模式

#### （一）四分法

从教学过程的进展出发，美国学者沃尔伯格（Walberg）认为，个性化教学有四种模式。

①随机模式。根据学生的能力、经验等特征决定每个学生的学习起点，但是教学过程和教材不必具有序列性。在前一阶段未达到目标的情况下，学生可以超前学习新的单元，但最终均达到同一目标。

②多元模式。根据不同学生的个别差异来决定学生的学习起点和最佳学习途径，教学实现同一教学目标。

③阶层模式。根据学生过去的学习经验、能力及其心理特征来决定学生的学习起点，保持学习过程的循序渐进。在重新学习新课题或单元之前，每个学生必须达到教学目标，且目标一致。

④多元多价模式。学习起点与途径是多元的，不要求人人都达到同一教学目标。

## （二）五分法

美国学者奥恩斯坦（Allan C. Ornstein）从学生学习的主动性、个别差异、学习策略以及技术运用的维度出发，将个性化教学区分为五种类型。

①适应性教学。依据学生的个别差异，充分发展每个学生的个性。
②策略教学。强调学生学会学习。
③计算机化教学。强调当代教学技术的使用。
④掌握教学。依据布鲁姆的掌握学习理论，强调学生对知识的掌握。
⑤自主学习。强调学生学习的独立自主性。

# 三、国内的个性化教学模式

## （一）掌握教学

掌握学习，要求教师既能帮助"慢生"，又能帮助"快生"很好地学习，使他们获得各方面的发展。掌握学习是一套有效的个别化教学实践，采用个别、小组与集体相结合的形式，由师生共同掌握教学的进度。

### 1. 基本原理

学生要认识世界和认识自己，就必须借助前人积累的知识。个人对于诸多有助于实现其目标的力量往往处于无知状态，这种状况就要求教育必须借助于人类文明中所积累的知识，实现学生"从无知向有知"的转化。在知识同化的过程中，学生利用其自身原有的观念吸收、消化新的知识，使新知识成为自身原有知识的一部分，原有的知识观念得到发展。尽管学生不断获得和掌握知识，并为此感到自豪，但是学生知识的增长并不意味着学生无知的范围在逐渐缩小，因为伴随着知识的增长，学生的认识范围在不断扩大。由于一个人关于世界和自己的知识的增长会恒久地向其展现新的无知领域，所以其依据这种知识而建构起来的文明也会日益复杂，而这就对这个人在知识上理解和领悟周围世界造成新的障碍。

### 2. 基本步骤

掌握教学模式是围绕单元教学展开的。在教学之初，教师先对学生的先决认知行为、先决情感特点进行诊断，然后选择与学生特点相一致的学习单元。当学生掌握了学习单元的任务后，教师可以根据学生的学习情况设计新的学习单元。当学生未达到教学要求时，教师需通过补救或矫正的方式，使学生达到掌握学习内容的目的。这样，掌握教学就形成一个依次递进的单元教学系列。

根据掌握教学过程的特征，可以对掌握教学进行设计，其中最关键的是教学的基本步骤。

（1）确定教学目标

布鲁姆认为，清晰而确切的教学目标是掌握学习的前提，也是后继评价的标准。根据布鲁姆的教育目标分类学，教育目标分为认知领域、情感领域和动作技能领域。

认知领域的教育目标由低级到高级分为六级：知识、领会、运用、分析、综合、评价。

情感领域的教育目标由低级到高级分为五级：接受（注意）、反应、价值化、组织、价值与价值体系的性格化。

动作技能领域的教育目标分为七级：知觉、定向、有指导的反应、机械动作、复杂的外显反应、适应、创新。

（2）组织单元教学

根据具体的学科教学目标，确定每一单元教学的具体行为目标。单元的划分应依据教学内容而定，一般按章节划分，也可按教学时间划分。一般是两周为一个单元教学时间。

（3）实施教学

为了使每个学生都能掌握学习内容，教师必须实行个性化教学。通过对学生的先决认知条件、先决情感特点的诊断，提供必要的准备知识，并帮助学生树立学习信心、激发学习动机，使学生积极主动地学习并持续整个学习过程。

（4）设计形成性评价

形成性评价，只需要反映学生自己在学习过程中的进步状况，不需要把测验结果与其他学生进行比较。测验的题目编制应与教学目标、教学单元相配套，目的是及时诊断学生在本单元学习中的掌握情况。这个诊断需要在学习内容的广度与深度上都能反映教学目标。

（5）组织补救教学

根据形成性评价的结果，凡是对测验内容掌握了80%或以上程度的学生就可以进入下一个单元的学习。而对那些未达到要求的学生，教师必须进行补救教学。通常一个单元教学必须给予一个课时的补偿学习。矫正学习不是简单地重复教学内容，教师可采用多种方法进行，要尽可能根据学生的特点进行补救教学。

（6）发展终结性评价

在一个学期或学年结束时，必须就每门学科的学习情况进行终结性评价。一般来说，一个学生参加考试后，教师所评定的分数是终结性的。这种终结性考试的成绩被用来评定学生对学习内容掌握的程度和达到教学目标的程度。

## （二）策略教学

策略教学的思想最早可以追溯到我国古代的"授人以鱼，不如授人以渔"的思想。策略教学是指以系统培养学生的学习策略为核心的教学模式。这种模式是使学生通过学会学习而达到自己独立自主学习的效果。

在策略教学方面，美国心理学家罗宾逊（Robinson）提出了"SQ3R"学习策略。

① Survey（浏览）——通过看标题来了解内容的主旨。

② Question（提问）——提出疑问，启迪思维。

③ Read（精读）——在阅读中寻找答案。

④ Recall（复述）——回忆主旨与要义。

⑤ Review（复习）——复习教材，巩固学习。

但是，当时的研究并没有确立策略学习在教学中的重要位置，并且大多数的研究者并没有提供策略学习的系统框架，只是就知识的掌握与巩固提供了一些辅助性的策略。学者圣蒂纳（G. de Santillana）指出："随着科学的发展，公认的无知范围亦会扩大。"因此，学生不可能也没有必要去掌握全部知识，学校教育应更关注培养学生的学习能力，使学生可以在其离开学校的生活中，依靠在学校中掌握的学习策略以及学习能力进行自主学习。策略教学就是基于这种社会背景的学校教学的重心转移。

学者威诺格兰德（P. Winogrand）认为，策略教学的主旨是有助于学生自主学习、信息加工与处理、问题解决。策略教学的原则有以下几点。

①学习是一种分析学习任务和为特定情境设计恰当策略的问题解决形式。

②学习策略首先指个人用来成就教学目标的计划，因此教学计划都具有学生自己的个人风格。

③为有效学习，学习策略要求学生有具体的学习技能或技巧，如浏览、篇章结构的修正、记忆等。

④在大多数学习情境中，学习策略一般侧重为创造性学习目标服务而不是为知识性目标服务。

# 第五节　多媒体教学模式

## 一、多媒体教学的定义

多媒体教学从产生到现在，以其自身声像并茂的优势不断发展，越来越多地被教师认可和运用。教育现代化提倡的不仅仅是教育技术的现代化，更是教学方式和学生学习方法的现代化。教学以立德树人、传授知识为己任，而有效地运用现代技术是教育现代化所提倡的观点。

多媒体教学是指"利用多媒体计算机，综合处理和控制符号、语言、声音、图形、图像、影像等多种媒体信息，把多媒体的各个要素，按教学要求进行有机组合并通过屏幕或投影机投影显示出来，同时按需要加上声音的配合，以及使用者与计算机之间的人机交互操作，完成教学或训练过程，又被称为计算机辅助教学（CAI，Computer Assisted Instruction）"。换言之，多媒体教学通常指的是利用现代信息技术交往性、集成性、可控制性等特点实现课程内容和多媒体技术的优化。

学术界在经过多年探讨之后达成一致观点：多媒体教学是指通过教师依据学生特点尽心制作多媒体课件，合理设计教学环节，将现代技术与传统教学相结合，在师生共同参与教学过程中完成课程的教学目标，达到教学效果的最大化。

## 二、多媒体教学的基本模式

### （一）集体教学模式

集体教学模式是多媒体教学的一种最基本、最常见的教学模式。具体而言，这种多媒体教学模式是以多媒体技术为依托的，教师在讲课之前提前准备好上课过程中所需要用到的教学资料，运用多媒体软件将教学内容以文本、图像、音频、视频等多样化的形式呈现给学生。这种教学模式通常是以教师讲解演示为主，并且是在限定的空间范围内对数量确定的学生展开教学的。如果对这一教学模式中的教师和多媒体的角色进行分析，通常还是以教师为主，多媒体软件仅仅在教学过程中起到相应的辅助作用。在具体使用这一教学模式时，为了更有效地调动学生的兴趣和积极性，教师可以运用多元化的方式呈现教学内容，如借助幻灯片、视频等来提升教学效果。

## （二）个别化教学模式

在网络教学环境下进行个别化教学是多媒体教学模式的一种有效尝试。这一教学模式具体指的是以多媒体网络环境为依托，并结合不同学生的个性化特点进行具体的英语教学。要想在这种教学模式下达成教学效果的最优化，教师首先应围绕学生个体并对学生的具体学习情况如语言基础、学习特点、兴趣爱好、学习进度等进行具体分析，并结合实际情况设定不同的教学目标，为每个学生个体安排相匹配的教学内容。

具体而言，在进行个别化教学时，教师可结合学生的现实需要为学生制订自主学习计划，分享与其学习特点相匹配的学习资料，同时应针对学生在具体学习过程中所遇到的问题和困难给予及时的指导和帮助，还可以根据学生的登录情况、问题反馈等及时了解学生的学习情况并对学生的学习进度进行有效监督。在这种教学模式下，学生能够自主地选择与自己学习水平相符合的教学和学习资料，可以借助网络图书馆查询自己所需要的学习资料，还可以运用电子邮件等在线交流平台给教师提交作业，对自己遇到的问题进行咨询，并获得相应的解答。

## 三、多媒体教学模式的优点

### （一）突破时间和空间的限制

与传统的英语教学模式存在着很大的不同，多媒体教学模式在英语教学中的恰当运用能够突破课堂时间和教室空间的局限。学生除了在课堂上进行语言的学习之外，还能对自己的课外时间进行自由安排，并能在任何时间、地点学习教师提供的学习资源，所以这一模式很好地体现了这一教学模式的自由性和灵活性等特点。不仅如此，学生还可以在课余时间对即将要学习内容的背景知识进行查阅以提前预习，或者可以熟悉并复习自己在课堂上没有完全掌握的知识点。在具体运用多媒体软件时，教师不仅可以让学生共享课堂内或者书本上涉及的基本知识，而且可以涉及与之相关的或未提及的多方面资料。这样一来，无论学生身处何地，都可以随时完成学习任务。

## （二）激发学生的学习兴趣

将多媒体教学模式运用于英语教学实践中，能有机地将文本、图形、音频、视频等融合在英语教学之中。这种教学模式能够有效缓解传统教学的单一、枯燥等缺陷，并使英语课堂更加具有动态化的色彩。这样的教学方式不仅能充分调动学生的学习兴趣，而且有利于促使教学效果最优化。

## （三）优化英语课堂环境

在运用多媒体教学模式展现英语教学内容时，由于其内容的可视化比较强、信息呈现方式更为直观立体等特点，学生无论处于教室的任何一个位置都能明确地听清教师所讲的内容。这能有效解决传统课堂中因学生座位不同导致接收效果呈现差异这一现实问题。多媒体将音频、视频融合为一体的巨大优势使英语课堂环境达到了最优化的效果。

## （四）实现了以学生为中心

多媒体教学模式在英语教学中的有效运用能够给学生提供一个更为真实的语言环境。在这一环境中，学生可以发挥其自身的主观能动性，合理安排自己的学习时间、学习内容和学习进度，变被动为主动，积极地进行英语学习。可见，多媒体教学实现了真正意义上的"以学生为中心"，并且对培养学生的英语综合能力大有裨益。

# 四、多媒体教学模式的发展趋向

## （一）日常化和普及化

多媒体教学模式以其诸多方面的客观优势赢得了广大教师和学生的青睐。尽管存在着不足之处，但是多媒体为英语教学所带来的便利是有目共睹的。越来越多的教师开始研究如何更有效地将多媒体教学运用到教学中并将这一教学模式与自身的教学实践进行有机结合。同时，随着多媒体技术的持续研发和与教学相关的应用软件的多样化，多媒体教学模式在英语教学中的日常化和普及化具有更大的可能性。

有一些依托多媒体设计的教学软件的内容非常丰富，并且展现了系统的知识体系和脉络，甚至有的多媒体的内容已几乎覆盖了所有的英语课本上的内容，这样的发展势头使未来的无纸化英语教学具有了现实可能性。总的来说，多媒体教

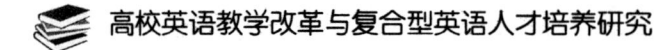

学已日益成为一种日常化的教学手段。同时，基于多媒体教学在英语教学中所充当的多种角色以及该模式与学生的个性化相结合的特点，多媒体教学模式在英语教学中的日常化和普及化已经成为大势所趋。

## （二）广泛化

依托多媒体技术开发的语言识别系统能够为学生创设一个真实的语言环境。学生沉浸在这种真实的语言环境中，对他们语言学习和交际能力的提升非常有帮助。同时，随着多媒体教学模式广泛持续地深入，其优缺点也很快显现出来了。为了更好地提升其在英语教学中的教学效果，各式各样的多媒体教学软件层出不穷，并且这些多媒体教学软件在功能、种类等方面也日趋完善，所涉及的范围更具广泛性。

例如，一些捆绑式的教学软件能够提供给学生所需的各种类型的学习信息。又如，一些测试类的软件在发展趋向方面呈现出更具便捷性、检测功能更为完善等特点。这一类型的软件不仅能够检测学生的口语写作能力，而且能对学生的主观性答案进行有效的教学评价。总体来看，多媒体教学软件在具体发展和完善的过程中所呈现出来的这些特点对激发学生的英语学习兴趣和提升学生的自主性、积极性等都非常有利。

同时，随着多媒体与英语教学日益密切的结合、发展和逐渐完善，多媒体教学软件在未来也会像 VCD、DVD 光盘一样普及，并将得到广泛的运用。在具体的教学工作中，一些擅长教学设计又谙熟教学软件制作技术的人才也将受到青睐。英语多媒体教学软件的日益普及将成为英语教学的发展趋向。

# 第三章　高校英语学习方式

在新形势下，除教师要转变教学方法外，作为学习主体的学生更应该积极改变学习方式，进行有效的学习。本章分为自主学习、合作学习、探究学习、项目式学习、反思性学习五部分，主要包括自主学习的定义、自主学习的特征、自主学习的影响因素、合作学习的定义、合作学习的类型、合作学习的理论基础、探究学习的定义、探究学习的特征等内容。

# 第一节　自主学习

## 一、自主学习的定义

国外许多教育家都对自主学习做过研究。1981年，学者霍尔克（Holec）出版著作《自主性与外语学习》，指出自主学习就是"能负责自己学习的能力"，并进一步解释"负责自己的学习"就是：确定学习目标、确定学习内容、选择学习方法和技巧、监控学习过程、评价学习结果。他认为，这种自主学习能力是要通过自然途径或专门学习才能获得的。学者狄金森（Dickinson）这样定义自主学习：自主学习就是学习者成功地掌握了学习态度和学习能力，学习态度是学习者在学习过程中负有决策的责任，学习能力是学习者在学习过程中做决定和反思的能力。美国心理学家齐莫曼（Zimmerman）也做了自主学习的研究。他提出，自主学习者必须在元认知、学习动机和学习行为三方面都是积极的，其中元认知是对学习的计划、监控、评价和调节，学习动机是一种学习的欲望，学习行为则是学习者创造条件展开真实的学习活动。国内的学者也对自主学习进行了研究。华东师范大学教授庞维国认为，自主学习是建立在自我意识发展基础上的"能学"，建立在学生具有内在动机基础上的"想学"，建立在学生掌握了一定学习策略上的"会学"，建立在意志努力上的"坚持学"。

综合以上定义不难看出，自主学习的本质包含：第一，自主学习首先是对整个学习活动的预想、规划和组织；第二，自主学习还应包括对学习过程的监视和控制；第三，自主学习包括学习者对学习活动进行自我检查、自我评价以及根据反馈信息调节学习活动。

## 二、自主学习的特征

### （一）自主计划

自主计划是在学习之前发生的，是为接下来的学习活动所做的准备工作。在这个阶段，学习者需要了解学习内容，选择学习策略。具体来讲，自主计划包括先行组织、集中注意、选择注意和自我管理。先行组织是在自己原有知识的基础上预习即将要学习的新资料，了解大意和相关概念；集中注意是指始终将注意力集中在所要学习的资料上；选择注意是注意学习过程中的特定方面而忽视其他方面；自我管理是创造条件促使学习任务的完成。

### （二）自主监控

自主监控，简单来讲，即对整个学习过程的检查、调整和确认。这既包括监控自己听到的、看到的、理解到的知识信息，也包括对学习计划、学习方法和策略的监控。其中，对学习计划的监控是指监控计划的科学性以及时间分配的合理性，而对学习方法和策略的监控只涉及方法、策略的选择是否恰当。

### （三）自主评价

自主评价发生在学习活动的最后阶段，是学习者对自己学习任务的完成情况进行的分析、判断。它包括对计划和时间分配的合理性、知识信息的获得、策略的运用等进行评价。自主评价有利于学习者反思学习过程中遇到的问题，总结经验教训，以便对下一次的学习进行指导。

## 三、自主学习的影响因素

尽管学习者自主性的概念多种多样，但是所有研究人员都强调学习的责任应该由教师转移到学习者。而在这一过程中，许多因素可能扮演着重要的角色，它们可能影响着自主学习的发展。这些因素可分为两类：主观因素（学习者的动机、态度、情感、学习方法和学习策略等）和客观因素（政策、文化、教师和技术等）。

## （一）主观因素

众所周知，自主学习者是自主学习过程中的主体。那么自主学习者应该是什么样子呢？自主学习者是学习过程中积极的参与者。英国学者李特尔伍德（Littlewood）表示学习者的自主能力取决于学习者的"能力和意愿"。此外，狄金森提出了自主学习者的五个特征：①理解教学指令；②制订学习目标；③选择合适的学习策略；④利用这些学习策略；⑤控制自己的学习。

按照自主学习者的观点，影响自主学习的内部因素不仅仅体现在智力上，也有非智力的因素。这些因素都是激励学生、挖掘学习潜能和调节学习活动的催化剂。而恰恰这些非智力因素，如学习动机和态度、学习方法、学习策略等，却是影响自主学习的最直接和主要的因素。

### 1. 动机和态度

动机就是学习者内心对知识的渴望，它是提高自主学习的前提和基础。只有当学习者对学习有很强的动机和渴望的时候，他才愿意为自己的学习负责。然而，狄金森提出一项证明：根据动机理论和归因理论，学习自主性可以促进学习动机。那么从这个角度看的话，动机和自主学习可以实现相互促进。

态度不仅意味着学习者对于其自身、他人及其所处文化的看法，而且包括他对自己学习的认知能力。学习者的态度决定自身的行为。积极的态度可以增强动力，促进英语学习；相反，消极的态度会削弱学习动机，从而导致学习失败。因此，自主学习要求学习者具备积极的学习态度，这也意味着他们应该为自己的学习负责。

### 2. 自我效能感和归属感

阿尔伯特·班杜拉（Albert Bandura）提出自我效能感是"人们对自身能否利用所拥有的技能去完成某项工作行为的自信程度"。自我效能感是个人的自我评价，是学习者自主学习的关键因素。第一，自我效能影响学习目标的选择。第二，自我效能影响学习目标的设置。第三，自我效能影响学习者学习的努力程度以及在困难阶段对学习是否坚持不懈。第四，自我效能是学习者在学习中紧张和焦虑的因素。第五，自我效能影响学习者的自主学习策略。

归因理论是指人们自己解释学习成功或失败的原因。归因理论对学习动机会产生积极或消极的影响。一些研究人员把学习过程中的成功或失败归因于四个方面：能力、努力、任务难度和运气。如果一个人把他的成功归因于他的能力，而把失败归因于自己的不努力，那么很容易激发他的学习自主性；而如果他把成功归因于无法控制的外部因素，而把失败归因于自身能力的不足，这对其学习自主性就会产生负面的影响。

3. 学习风格

学习风格是指人们处理新的信息的一种方式。从本质上讲，学习风格意味着学习策略、学习方法或学习取向，是在长期学习中形成的行为习惯。学者里德（Reid）把学习风格分为三种：感知学习风格（视觉、听觉、触觉），认知风格（场独立和场依存）和生理学习风格（冲动型和谨慎型）。不同学习风格的人需要不同的个性化指导，这样才能提高他们语言学习的自主性。

## （二）客观因素

客观因素包括所有非个人因素，分为三类：学校环境、社会和家庭环境、文化背景。我们在此强调的是学校环境，包括教学模式、教师、教学技术等，这些都是我们所说的影响自主学习发展的客观因素。

1. 教学模式

由于不同的指令和理论，不同的教学模式对自主学习的影响不同。在以教师为中心的传统的教学模式中，学生往往处于被动地位，没有自主性和积极性。随着教育的改革，英语教学模式正转变为个性化和自主性教学。新的教学模式即"双基"模式（课堂和计算机）和"双主"模式（以教师为主导和以学生为主体）。

2. 教师

新的教学模式强调的是学生的主体地位。但是，教师的引导作用还是至关重要的。教师的教学模式、教学方法、教材选择的心态都对学生的学习有着重要影响。在自主学习方面，学生需要教师的训练、指导和管理。最重要的是教师应该做什么来促进学生的自主性。教师被定义为"助手、引导者、向导和顾问、学生的资源提供者"，因此教师应该更新他们传统的教学理念。

3. 教学技术

教学技术是学习环境的物质基础，是自主学习的支持系统。技术的优势不仅体现在语言上，而且体现在实践中。大量的数据通过电脑的收集整理，可以为学习者提供丰富的信息。实际上，当技术应用于教室时，课堂上的活动会变得更加有吸引力，气氛更加活跃，学生也更有动力。

## 四、自主学习的理论基础

### （一）认知学习理论

现代认知学习理论包括布鲁纳（Bruner）的认知发现说、奥苏伯尔的认知同化说和加涅（Gagne）的信息加工说。认知发现说主张学习者学习每门学科的内在结构，并且这种学习需要经历获得、转化和评价三个阶段，它同时强调学习者利用头脑中的已有经验主动学习新的结构性知识。认知同化说指出，已有的认知结构对于新知识的学习来说是一种必要条件，学习就是将新旧知识建立联系的同化过程。信息加工说指出，学习就是对知识进行编码加工的过程。

### （二）建构主义学习理论

建构主义学习理论的本质是：学习是学习者在新信息的刺激下，对已有知识的重组和调整，以及对新知识形成有意义的解释和理解，从而建构新的知识结构。建构主义认为，知识并不是对客观世界的绝对客观反映，它只是人们对世界的看法和理解，是相对可信但不是永恒不变的真理，因此知识会随着社会文明的进步有所调整。

### （三）人本主义学习理论

人本主义学习理论以人本主义心理学为基础，其代表人物有马斯洛和罗杰斯。人本主义学习理论认为，学习不仅是认知的学习，而且是经验的学习；认知学习是无意义学习，经验学习是有意义学习；学习最终导致个体在智力、情感、态度、人格和行为等方面发生稳定的变化。

总之，人本主义学习理论包括：①学习是个体的全身心的投入，重视知识和情感的作用；②学习是自我管理、无教师指导的，即自己发现、自己理解并且自己评价；③学习是在无威胁的环境中进行的，教师应尽量给学生创设舒适轻松的学习环境。

### （四）社会语言学

社会语言学兴起于20世纪60年代的美国，它包括两个领域——社会领域和语言领域。海姆斯认为，社会语言学的研究目标既有社会的又有语言的，社会语言学是探讨语言在社会范围中的广泛使用的理论。学者杨永林则认为，社会语言学包括语言结构和社会语境这两个研究主题，主要探讨语言和社会之间的关系，也就是将语言结构放到社会这个背景下去分析研究。

## 五、自主学习能力的培养

### （一）提升自我效能感

自我效能感影响着自主学习，那如何提高自我效能感以促进自主学习能力的提升呢？这就需要学生在语言学习方面不断进步以便获得持续的成功。学生可以制订阶梯式的学习目标，先完成简单的目标以建立信心，然后再慢慢地增大任务难度，并且这种难度是可以通过自己的努力达到的，这样自己就会在不断尝试当中收获成功，从而提升自我效能感，形成"学习成功—自我效能感提升—学习成功—自我效能感提升"的良性循环。

### （二）增强学习动机

学习动机可分为内部动机和外部动机。内部动机与爱好倾向、成就感等有关，而外部动机与学习行为是否满足外在要求有联系。要想增强学习动机，一方面，学生在英语学习中要注意培养兴趣，并让自己尽可能多地体验英语学习带来的成就感；另一方面，当自己达成了学习目标之后，可给予一定的外在奖励作为鼓励，也就是给予正强化。

### （三）正确归因

归因方式对自主学习有着不可忽略的影响。美国心理学家韦纳认为，成败的原因有六种，分别是能力、努力、任务难度、运气、身心状况、其他人或事的影响。他进而从三个维度对这六个因素进行了划分：内部与外部、稳定与不稳定、可控与不可控。

他认为，能力和任务难度是稳定的，努力是可控的。当学生将失败归因为不稳定、不可控的因素时，他就不会丧失希望，进而加强自主学习，不断提升自己；而当学生将成功归因为稳定的、可控的因素时，他就认为是自己能力强并且努力到位，持续的尝试的欲望就不会消失，因而也会加强自主学习。

### （四）训练学习策略

学习策略会对自主学习有一定的影响。良好的学习策略会减少学生在学习过程中的挫折和不知所措的感觉，使其提高学习效率并保持较高的学习情绪，这对自主学习大有裨益。学习策略的训练包含：首先，教师应该亲自示范学习策略，并让学生透彻理解它的运用；其次，教师要布置学习策略的操作案例，让学生通过课外练习巩固所学知识；再次，教师要组织学生对学习策略进行班级性的讨论；从次，教师应该在课堂上选择合适的教学内容，然后将学习策略渗透其中；最后，教师可让学生围绕该学习策略设计相关的课堂活动。

## 第二节 合作学习

### 一、合作学习的定义

各国学者对合作学习的研究有自己的研究体系和鲜明特色，使得合作学习的研究具有国际性，加之研究合作学习的代表人物较多，研究视角也各不相同，因此，学界对合作学习的界定存在一定的差异。

以色列特拉维夫大学的沙伦（Sharan）教授认为，合作学习是让小组充当社会组织单位，学生在小组内可以交流学习，也可以进行个人的研究学习。这种观点肯定了合作学习中个体学习的作用，表明合作学习与个体学习二者并不矛盾。合作前的个体学习可以使合作学习发挥好的效果，合作中只有每个学生进行思考才能凝结成最终的合作成果，合作后的个体学习可以使学生将合作成果进一步内化。可见，个体学习是贯穿合作学习始终的。

日本教育家佐藤学（Manabu Sato）认为，合作学习将学生按各种能力差异进行分组，从而实现民主性、多样性的交流，是一种互惠的学习方式。合作学习可以实现高质学习，佐藤学将其称为"静悄悄的革命"。这种界定强调了合作学习的重要意义，同时对教师的专业能力提出了更高的要求。

张中原、徐林祥等学者认为："合作学习就学习的组织形式来说，相对的是'个体学习'，像空气和水一样，是学生的基本需要和天赋人权。"这种说法使合作学习区别于个体自身的学习，并指出合作学习是学生的本能需要和权力，突出了合作在人际交往中的重要性。

学者王坦认为，合作学习是以异质学习小组为基本形式，系统地利用教学因素之间的互动，共同促进学生达成教学目标的教学活动。这种观点指出合作学习的目的是完成一定的教学任务。

浙江大学教授盛群力认为，所谓合作学习就是："将4至6名学生，按照能力、性别等混合编组，这样组内成员就形成了利益共同体。他们为共同目标协同努力并且存在互赖关系，能够产生整体大于部分之和的效果。"这种观点强调了合作小组的规模和小组成员之间的互赖关系。

杨伊生教授认为："合作学习是互动性的学习方法，以小组为学习单位，小组中每位成员负责完成总任务中的某些方面，最终使任务顺利完成。"这种说法明确了组内成员的任务分工，突出小组成员的责任感。

通过上述定义，本书将合作学习界定如下：合作学习是将学生组成4至6人的异质小组，并对小组内成员进行明确分工，同时调动一切可以调动的教学资源，帮助小组更好地完成合作任务的教学方法。

## 二、合作学习的类型

合作学习结构由三种类型的合作学习小组构成：一是正式合作学习小组，可以用来教授具体的学习内容；二是非正式合作学习小组，确保学生在听课时能做到对信息进行积极的认识加工；三是基层小组，可以用来对学生学术上的进步提供长期的支持和帮助。任何课程布置的作业都可以通过合作小组的方式来完成。

### （一）正式合作学习小组

在正式合作学习小组中，教师需要做到下列几点：组织学习小组（确定学习小组的人数并确定如何分配学生）；教授学生需要掌握和运用的概念、原则和策略；布置要合作完成的任务；检查学习小组的作用；通过教一些协作技巧和学术帮助等来进行干预；评估学生的学习效果和指导学习小组的有效运作。

### （二）非正式合作学习小组

在非正式的合作学习小组中，教师应该做到：使学生关注学习材料、进入学习状态，确定对授课内容的期望，确保学生对所学材料进行认识加工，并对一节课做小结。学生可以用3～5分钟的讨论来总结他们所了解的主题，这个主题是在课前或课后的焦点讨论中设置的。这几分钟的讨论可以被穿插在整个授课过程中。

### （三）基层小组

合作学习的基层小组可以在学习过程中给学生提供所需的支持、鼓励和帮助。基层小组的成员可以每天碰面，他们的关系是持久的，彼此间能提供长期的相互关心。这种关心对组员能坚持不懈地学习非常重要。采用基层小组的学习方式有利于提高听课效率，使所要求的学习任务和学习过程个性化，并提高学习的质量和数量。班级或学校的规模越大，教学的内容越复杂或越困难，成立基层学习小组就显得越重要。

## 三、合作学习的理论基础

### （一）社会互赖理论

社会互赖理论源于20世纪初的格式塔心理学。作为格式塔心理学代表人物之一的库尔特·考夫卡（Kart Koffka）提出了"群体动力整体性"，认为群体是可以变化的动力整体，群体成员之间具有互赖性。在库尔特·考夫卡的研究基础上，他的同事库尔特·勒温（Kurt Lewin）进一步指出群体动力的本质就是让群体成为"动力整体"成员之间的互赖。库尔特·勒温的弟子莫顿·道奇（Morton Deutsch）对产生群体动力的互赖类型进行了研究，将其分为积极社会互赖与消极社会互赖两种。经过长时间发展，20世纪70年代，随着教育社会心理学的兴起，莫顿·道奇的学生约翰逊兄弟发展了莫顿·道奇的观点，将其拓展为"社会互赖理论"，他们致力于合作与竞争关系的研究，认为除了莫顿·道奇提出的两种互赖类型之外，还存在无互赖的情境，这使得社会互赖理论更为系统。

积极的互赖指的是学生只有积极合作才能达成任务目标，个人的目标才有可能实现，对应的是课堂中的群体合作关系，合作对任务的完成起着积极的促进作用。消极的互赖指的是个体只有与其他个体竞争并且打败对方，才可以达成自己的目标，对应的是课堂上的群体竞争关系，个人的目标与其他学习同伴的目标是相互排斥的。

### （二）自控论原理

人本主义心理学派的威廉·格拉塞（William Glasser）博士，在20世纪80年代发表的著作《自控论》和《自控论在课堂》中阐述了自控论原理，这一理论为合作学习的发展奠定了理论基础。自控论原理建立的事实基础是"人的行为是内在动机和自身的各种需要所驱使的"。人的一生从出生开始就在寻找各种方式去满足自身的需要。学生的心理需要包括爱和力、自由和娱乐。格拉塞认为爱的需要即归属的需要，比较容易满足，重要的是力的需要，即"有人愿意听我说话，认为我的话很有道理，愿意按照我的说法去做"。此外，格拉塞指出，学生对自由和娱乐的需要也应该予以满足。让课堂充满乐趣，学生才会积极学习。课堂是学生日常生活的一部分，学生在课堂上不仅是为了获取知识，还有感受爱和温暖的需要。

## 四、合作学习的意义

### （一）有助于促使学生之间互帮互助

合作学习具有交往性、互助性、分享性等特点，所以学生在合作学习中可以通过师生互动、生生互动，互相启发、互相协作、互相鼓励，分享经验与知识，进而解决学生个体的难题，最终完成学习任务。

### （二）有助于培养学生的团体意识

在合作学习活动中，学生很容易将自己归为某一组（团体），并与该组荣辱与共，集体荣誉感极为强烈，团体意识在不知不觉中得以产生和发展。

### （三）有助于调动学生的积极性

通过合作学习，学生会逐渐意识到自身存在的不足。另外，在其他组员的帮助下学生会更愿意参与教学中的活动。学生一旦参与到合作学习中，就可以同其他组员展开更为充分的交流，进而更好地完成学习任务。

### （四）有助于培养学生的创新精神

通过合作学习，学生之间会形成"支持性风气"，学生之间的相互信任、合作的程度会有所增加，他们共同完成的作品也就更具创新性和多样性。总而言之，合作学习对培养学生的合作精神、团队意识和集体观念等均有很大帮助，还能在一定程度上弥补一个教师难以面向有差异的众多学生教学的不足，便于教师因材施教，最终真正实现每个学生的发展目标。

# 第三节　探究学习

## 一、探究学习的定义

20世纪50年代，美国教育学家施瓦布（Schwab）提出了探究学习的理念。

他认为，探究学习是学生通过自主地参与获得知识的过程，从而掌握研究自然所必需的探究能力。我国的徐学福教授认为，探究学习是学生在教师的指导下，为获得科学素养和类似科学研究的方式所展开的学习活动。张秀娟教授认为："探究性学习是指学生在教师指导下，从自然、社会和生活中选择和确定专题进行研究，并在研究过程中主动地获取知识、应用知识、解决问题的学习活动。它已成为高等教育的有效补充和延伸，体现出指导与自主、基础与研究、分科与综合、理论与实践、校内外与课内外等的有机结合和兼顾。"我国教育界人士王茜茜对探究学习进行了如下总结："探究学习是一种以学生内在探索发现的品质为基础，以解决问题为导向，在教师的指导下，学生通过各种形式获得知识与技能、发展能力、培养情感与态度，特别是探究精神和创新能力的学习方式。进行探究学习，通过探究、合作的亲身体验，不仅能够有效地促进学生形成科学概念和对知识深层的理解，而且有利于培养学生运用科学方法去思考问题，帮助他们提升解决问题的能力，获得成功的喜悦。"

至今教育界对探究学习还没有达成一致的定义，但它作为一种新型的学习方式，已经被众多学者重视。综上所述，探究学习是学生在教师的指导下进行的主动学习和积极探索的过程。

## 二、探究学习的特征

### （一）主体性

探究学习鼓励学生充分发挥自己的主观能动性，积极参与探究活动，形成多方面的学习交流，从而创造一种开放、民主的学习氛围。探究学习注重个体体验，将知识的学习看成认识、情感和人格的综合结果。学生在这种学习活动中能获得一种主人翁的感受，不是被动地接受教师传递的知识，而是自己控制探究学习的进度。学生也不把教师分配的任务看作一种外来压力，而是看成自己学习的契机。探究学习主张学生不断挖掘自己的内在潜能，只要智力正常，都可以通过探究学习提高自己的创新能力。探究学习常常是多人参加的过程，既是探究学习本身所要求的，也是为了锻炼学生适应学习型社会的能力。

### （二）发展性

语言不是交际的目的，而是一种工具。之所以说探究学习具有发展性特征，主要有两个原因：第一，探究学习是在活动的模式下进行的，而活动的这种开放性让学生可以充分发挥自由的权利，表现出学习的主体性，从而促进个体发展。第二，探究学习的评价采取类似于纵向评价的方式，鼓励学生不断超越之前的自我而获得新的发展。学生会通过不断进步而拥有越来越多的自信，从而能迎来新的成功，进而提高内在驱动力。

### （三）问题性

问题和学习是相辅相成的关系，问题越多，产生的学习活动就越多；产生的学习活动一旦多起来，问题也会自然而然多起来。这就是知识越多越能发现问题的原因。问题是学习的线索，教师从问题入手，才会激发学生的好奇心，才会有深刻而全面的思考。探究学习就是一种发现问题、提出问题进而解决问题的过程，这也是一条通往提升创新能力的道路。人类的进步和社会的发展正是从问题开始的。

### （四）真实性

英语学科的内容大都来自日常生活，与学生的真实生活较为贴近，因此，英语学习具有真实性的特点。探究学习的真实性不仅体现在内容上，还体现在过程上。在探究学习中，学生将自己的知识、情绪、态度和兴趣等真实地表现出来，对学习中出现的真实问题进行信息加工。

## 三、探究学习的理论基础

### （一）人本主义学习理论

人本主义学习理论的目的就是让学生在接受新知识的时候保持强烈的好奇心，在教师的帮助下主动探究、了解、分析、思考他们感兴趣的东西，而不是教师填鸭式地让学生在课堂上枯燥地学习教材。人本主义心理学代表罗杰斯认为，人类天生便具有学习的愿望和学习的潜能，并能够在恰当的环境条件下释放出来，当学生发现所学习的内容正好是自己需要的知识时，他的积极性会被激发，学习效率自然就提高了很多。

人本主义学习理论和探究式学习法都在强调"以学生为中心"的理论思想，对探究式学习法有很强的理论支撑作用。因此，在实际教学中，教师应尊重每个学生的自我潜力和社会经验，帮助学生自发、主动开展探究学习。

## （二）建构主义学习理论

最早提出建构理论的人是皮亚杰，他是认知发展心理学领域杰出的心理学家之一。建构主义学习理论最早源自儿童认知发展的理论，皮亚杰认为通过自身学习和身边环境的影响，儿童可以自行树立起自己的知识网络，并通过不断丰富而完成自身的进步。之后卡茨（D. katz）、维果斯基等又在皮亚杰的基础上深入研究，不断发展，最后形成了现在完整的建构主义学习理论。

建构主义学习理论认为，学生接受知识不应该从教师那里单方面输出。当学生在接受新知识的时候，其本身就已经具有一定的知识储备量、学习经验和社会阅历，而且不同的学生拥有的知识和经验有很大的差异性，所以如果教师仍旧以传统的教学方法统一教授所有的学生，就会忽略学生的个体差异。而建构主义学习理论认为教师应充分了解不同学生的个体差异，针对个体的潜能发掘潜力，利用已经有的知识建构出新的成果，使学生的综合水平得到有效提高。

建构主义学习理论强调，教师在教学的整个过程中应该以学生为中心。学生在学习的过程中应主动发现问题，并对其进行探索、思考、交流、发现，最终对所学到的知识进行主动的知识建构。教师在这一过程中为学生的学习提供信息的支持，帮助学生进行知识的建构。

总之，人的认知和发展与其本身的学习过程有关，每个个体都有属于自己的学习规律，而在建构主义学习理论的指导下，能够形成更加有效的学习方法，提高学习效率。对于探究式学习来讲，建构主义不但是非常重要的心理学依据，而且是探究式学习能够有效实施的强有力支撑。

## （三）发现学习理论

发现学习理论最早可追溯到古希腊哲学家苏格拉底的"产婆术"，经过近代教育学家卢梭、第斯多惠等的思想演变，最终美国心理学家布鲁纳使之成为理论。布鲁纳认为，发现学习法是一种积极的学习方法，不把知识直接传授给学习者，而是从学习者本身出发，让学习者利用自己的好奇心，并在教师的指导下，根据教师提供的信息和材料主动地去发现问题，再努力解答问题。也就是说，让学习者成为知识的发现者，而不是被动地接受结论。

发现学习理论的教学模式能够培养学生的探究学习意识，激发学生学习热情，锻炼学生解决问题的能力，让学生像科学家一样积极主动地探索和学习，从宏观或者微观的角度探索事情变化的起因和外部联系，为了寻找真理，想方设法地解决问题，最后得出结论。学生会在这个过程中体会发现知识时候的快乐和成就感。学生在发现问题并解决问题的过程中会运用到很多别的学科的知识，这就需要学生将自己本身的能力或者社会经验运用到解决问题上面，使得学生在解决一个问题的时候得到了全面的发展。

发现学习理论充分体现了探究式学习法的优点，教师在学习情境中作为辅导者出现，帮助学生成为学习的主人，引导学生去探索未知的世界，促进学生主动探究学习。所以，倡导探究式学习的方式，就是在培养学生的创造性思维，锻炼学生独立思考的能力和促进学生的全面发展。

## 四、探究学习的步骤

### （一）明确任务

在进行探究学习之前，教师必须先将学习目标和学习内容清楚明白地告知学生，让学生完全理解此次活动的要求之后再开始。以《大学英语》第三册第六单元为例，教师应先确定目标：对作者海明威进行基本了解，归纳作品主题以及重要单词和短语。接下来，教师根据目标可以确定四组任务：①查询作者海明威的基本情况；②了解一个九岁男孩由于误解死亡即将来临所表现的镇定与平静；③查出动词 commence、flush、gaze、overcome、poise、prescribe、scatter、shiver 和 varnish 的意义与用法；④查出短语 be detached from、bring down、hold tight onto oneself、keep from、out of sight 和 take it easy 的意义与用法。

### （二）分配工作

明确任务之后，教师开始分配工作。将全班分成若干小组，指定有领导才能的学生担任小组长。小组长的工作是带领全组学生有条理地展开交流，进行探究学习。同时小组内还应指派一名记录员和一名汇报员，记录员负责记录本次探究学习的重要内容，汇报员的工作是将探究学习的情况向全班交代清楚。

### （三）教师指导

探究学习是在教师的指导下进行的活动，教师需要对整个探究活动起指路导航的作用，并且应该将进行探究学习的过程向学生描述清楚。教师是指导学生如何去做，但不应代替他们去做。学生始终是学习的主体，教师只是在每个阶段给予建设性的意见。

## （四）汇报结果

在探究学习的末尾，学生有必要对整个学习过程进行反思，总结做得好的地方和不足之处，同时将学习成果与全班同学分享。从同学的结果汇报中，学生有可能会学习到一些经验以及注意到一些易犯的错误。同时，汇报可锻炼学生的语言表达能力。

## （五）科学评价

探究学习应该有一套科学和可靠的评价体系。首先，评价标准应该根据学习目的来制定，评价主体、评价方式和评价手段可以灵活地进行选择；其次，将自我评价、学生互评、定性评价与定量评价等相结合，有利于学生获得更真实、更全面的认识，进而不断改进探究学习的态度、方法；最后，适当给予强化措施，也就是对做得好的学生加以表扬。

# 第四节 项目式学习

## 一、项目式学习的定义

随着社会的发展，语言在不断演变，英语教学也随着语言与社会的变化而进行着不同阶段的革新，在教学目的、教学定位、教学模式上都有着不同的发展。在经济全球化和国际化的时代背景下，英语教学的目的是向社会输送更多具有国际化视野、了解跨文化交际规则、具备国际竞争能力的英语人才。

项目式学习模式和上述英语教学目的相契合，这种学习模式强调学生的主体地位，主张学生通过完成项目来积累自身知识，提高学习能力。我国英语教学开展项目式学习能够提高学生的自主学习意识和观念，培养其合作意识和语言综合应用能力。

关于项目式学习的定义，国外学者马卡姆（Markham）等人认为，项目式学习是学生围绕复杂的、来自真实情境的主题，在精心设计任务、活动的基础之上，进行较长时间的开放性探究，最终建构起知识的意义和提高自身能力的一种教学模式。

学者所罗门（Solomon）认为，项目式学习活动往往围绕着具有一定挑战性的项目主题展开，主题往往来自真实的环境，依托某一学科理论，并在活动过程中体现多学科交叉的思想。我国学者黎加厚认为,项目式学习是以学习、研究学科的概念和原理为中心,通过学生参与活动项目的调查和研究来解决问题,以建构他们自己的知识体系,并运用到现实社会当中去的一种学习模式。

可以看出,不同的学者对项目式学习有着不同的认识和观点。总结而言,项目式学习是一种以学生为中心的教学模式,学生从真实世界中的基本问题出发,围绕复杂的、来自真实情境的主题,以小组方式进行周期较长的开放性探究活动,完成一系列诸如设计、计划、问题解决、作品创作以及结果交流等学习任务,并最终达到知识建构与能力提升的目的。

## 二、项目式学习的特点

项目式学习有着显著的特点,集中体现在以下几个方面。

①项目式学习要求按照学习的需求设定不同的项目。

②项目式学习对学习环境有一定的要求,一般需要在真实、具体的环境中展开学习。

③项目式学习的内容需要以现实世界为依托,学习的问题要注重实用性,要求学生在任务完成过程中了解问题解决的理论以及实际解决问题的技巧。

④项目式学习的基本主张是以学生为中心,因此教学的重点是锻炼学生的自主性,挖掘学生的主动性,发展学生的学习能力、问题解决能力、批判性思维能力等。

⑤项目式学习注重合作性。由于项目式学习任务十分丰富,所以需要学生综合利用书本知识、自身经验、创造思维以及相互协作才能完成。这就需要学生学会在不同的任务阶段和不同层次的同学进行合作交流。

⑥项目式学习主张学习的手段可以数字化,如利用多媒体、网络等现代信息技术。数字化的途径可以拓展学习资源,提高学生自主学习的意识与能力,从而使学生在解决问题的同时锻炼实践能力与创造能力。

## 三、项目式学习的理论基础

### (一)情境认知理论

进入20世纪80年代,行为主义学习理论影响极大,认知心理学的影响也非常深远,在此基础上,情境认知理论得到发展,日益成为西方学习理论领域研究人员关注的核心。综合教育学和心理学的维度，这一理论将焦点转向学校情境下的学习，怎样更新颖地设计学习环境作为研究的关键所在，实现学习目标作为研究的内容，重点围绕真实的学习活动展开一系列情境化教学，最终能够指向学生对知识的掌握情况，促进学生将所学知识进行迁移，形成远迁移能力；而在人类学上，情境认知理论将核心放在关注学习共同体以及学习的真正意义上，将学习隐喻成"参与"，学校的教育教学主要是引导学生积极参与学习活动。情境认知理论将情境作为认知的源泉，主张所有的认知都离不开情境的作用，通过情境发展学生的认知能力。

具体来说，情境认知理论分为两种观念，一种是知识观，一种是学习观。从知识观上来看，情境认知理论将目标指向社会情境，在社会情境的基础上构建新知识，以适应社会环境，协调社会行为；从学习观上来看，这一理论不仅基于情境，还基于实践，通过情境和实践的共同作用，能够在不断互动和协商中获得知识，即学习的隐喻从获得隐喻过渡到参与隐喻，也就是真正发生了有意义的学习。

总的来说，情境认知理论注重强调真实的情境，个体通过积极参与学习共同体的互动和协商，在教师的指导下，能够在学习过程中获得准确、清晰的表达理解能力，以获得真实的活动结果。项目式学习也非常注重真实的情境，学生可以通过一个完整的项目，以问题为引领，回归到具体情境中，最终建构有价值的知识。

### （二）实用主义教育理论

在皮尔斯、詹姆斯等人提出的实用主义哲学理念的引导下，杜威提出了实用主义理论。"从做中学"是杜威创造性地提出的教学基本原则，也是提高教学效率的一种高效方法。从课程与教材角度进行分析，杜威将矛头指向传统课程，极力批判传统课程存在的局限性。他认为，传统课程只是由前人积累起来的一种符号或者说是由一系列文字构成的系统，并不倡导直接经验，因此，必须提出一种新的课程来弥补传统课程的不足。在此基础上，杜威提出"从做中学"，要求摒弃传统的教材，代之以充满活动性、经验性的主动型作业，将直接经验与间接经验相结合，例如，纺织、绘画、阅读、烹饪等形式不仅能够帮助学生获得系统的、科学的知识，还能够满足学生心理发展水平的需要，增强学生对事物认识的统一性和完整性。在教学方法上，杜威又指出了班级授课制的局限性，比如说这种传统的固定的班级授课模式没有照顾到学生与学生之间的互动与交流，缺少直接经验的教学，使学生仍停留在间接经验的掌握上，长此以往，这种传统的班级授课制不能够培养学生的思维能力，给学生传授的是"死知识"，导致学生的能力得不到提高，素养得不到提升。

基于此，杜威提出要通过活动进行学习，学生是活动的主体，教师起到指导者、引导者的作用。项目式学习秉持了杜威的"从做中学"这一教学理念，倡导让学生从"项目"中做"项目"，让学生在指定的项目活动中，通过小组协作、团体协商等多种形式共同解决实际问题、完成项目任务，使学生能够亲自动手体验学习过程，探索问题，以自主探究、互相协作、集中探讨的方式最终产生项目结果，可以说，项目式学习与杜威的实用主义教育理论的思想是相符的。

## 四、项目式学习的意义

项目式学习是在传统教学基础上发展出的新的学习方式。二者之间的差异主要表现在以下几个方面。

①在教学目标上，传统英语教学重视的是基础语言知识的教授，强调学生通过硬性记忆知识来获取一定的英语技能；项目式学习则重视对学生自身知识、技能进行培养，提高学生的自我学习能力、解决问题的能力、分析与综合的能力等。

②在教学内容上，传统英语教学主要以教科书内容为基础展开教学，教学内容的灵活性较差，同时由于教材的更新速度跟不上社会发展速度，所以会在一定程度上出现教学内容老旧的问题；项目式学习中教师扮演的是指导者的角色，教学内容为贴近学生现实生活的学习项目，这种教学内容的设定更容易使学生产生英语学习的兴趣。

③在教学模式上，传统英语教学进行大班教学，是一种自上而下的知识的灌输；项目式学习则主要是通过合作学习的方式，让学生在完成项目中不断学习。

④在学生角色上，传统英语教学中学生的角色为被动的知识接受者，在学习中处于从属地位，很少有发挥主观能动性的空间，且很多学生不具备主动学习的意识；项目式学习重视学生的主体地位，认为学生是学习的中心，通过让学生完成项目来发挥自身的自我能动性与相互合作精神。

⑤在教师角色上，传统英语教学中的教师带有主导性、权威性，全权掌握教学节奏，控制学生的学习过程；项目式英语学习中教师的角色带有指导性、引导

性，是辅助英语学习的角色，在学生完成项目的过程中，教师需要给学生一定的引导与建议，并及时进行学生能力发展的记录与评估。

⑥在评价方式上，传统英语教学对学生的评价主要是通过测试、考试等方式，这种阶段性或总结性的评价，以学生的考试结果为评价标准，较为片面；项目式学习则主张多样化的评价方式，注重学生在完成项目过程中的表现以及对知识的内化质量。

通过比较可以看出，项目式学习符合当今英语教学改革的方向，能够体现以学生为中心的理念，对学生综合能力的培养以及创新能力的提高都大有裨益。具体来说，项目式学习的意义主要体现在以下几个方面。

①能够帮助学生建构知识基础。通过项目式学习，学生能够在自主的前提下对项目进行分析、解决。这是一种积极的知识自主建构过程，能够为日后的生活与学习打下良好的基础。项目解决需要学生进行信息的收集与获取，并找寻适合项目解决的方法。从整体上看，项目的完成不仅需要学生动用自身的思维与能力，还需要学生不断丰富自己的知识，建构更为完善、更为系统的知识框架。

②能够发挥学生的自主性。项目式学习并不是一种自上而下的硬性知识灌输，其主张发挥学生的自主性，让学生自主选择自己感兴趣的主题与内容，并决定学习的方式与进程。在项目式学习过程中，学生需要自己制订计划、研究、思考、解决、反思等。这一系列过程都和学生的自主意识息息相关。因此，项目式学习能够培养与提高学生的自主学习意识，锻炼学生的主观能动性与创造性，对学生的信息检索能力、归纳总结能力、逻辑分析能力、合作学习能力等都有重要的促进作用。

③能够培养学生的合作意识与情感能力。在项目式学习过程中，学生面对的是真实的有意义的学习任务。一般来说，项目式学习任务对于学生来说都带有挑战性，因此需要学生结成项目小组展开合作。这种学习方式能够使组员之间相互帮助，发挥各自的优势以促进项目的完成。在项目进行过程中，小组成员之间会进行积极的鼓励与沟通，同时会就项目问题展开积极的探讨，这对学生的语言交际能力和沟通能力的提升也大有裨益。

# 第五节　反思性学习

## 一、反思性学习的定义

关于什么是反思性学习，众说纷纭，没有统一的定义，目前引用较多的是以下三个观点。

学者郑菊萍认为："反思性学习，就是学习者对自身学习活动的过程以及活动中所涉及的有关的事物、材料、信息、思维、结果等学习特征的反向思考。"郑菊萍还认为，反思性学习不仅是对学习一般性的回顾，还要帮助学生学会学习，让学生的学习活动成为探究性、研究性的活动。因此，她认为反思性学习具有探究性、自主性、发展性和创造性的特征。学生通过反思性学习可以增强他们的学习能力，提高他们的创造力，全面发展。

学者赵玉香则认为："反思性学习指学生在通过阅读、听讲、研究、实践等活动获得知识或技能的过程中，对知识的产生过程和内容，对自己的思想行为或周围的事物、行为等不断审视、思考，从中得到启发，形成新的认识，或领悟其中的思想方法、解决问题的策略等，从而使思维得以深化，能力得以提升的一种深层次探究型、自主参与式的学习方式。"一个人对自身经历活动的反思是提高认知水平、促进思维发展的核心，对推动人们深入认识事物的本质起着非常关键的作用。因此，反思性学习的根本就是自省自为。

以上的两种观点都是从学生的角度出发谈反思性学习，而学者钟浩晖则是从教师的角度来谈反思性学习。他认为："反思性学习就是教师通过对教学过程的反思进行学习。它以解决教学实践问题为基本点，以追求教学实践的合理性为目标，不仅仅是对教学过程的一般性回顾，还会深究其中所涉及的知识、策略、效果等，因此具有探求研究的性质。它对教师提高理论素养、提高教育教学能力、提高专业化水平具有不可替代的作用。"教师要进行反思性学习，就必须有较高的职业道德水平。只有职业道德较高的教师才会以学生为本，对学生有强烈的责任感，没有这些，教师的反思性学习就无从谈起。

通过对反思性学习不同观点的梳理，可以看出，不同学者对反思性学习的理解都是站在一定的角度上思考的，这些观点为我们进一步研究反思性学习提供了很好的参考价值。综合以上观点，反思性学习就是学生在教师的引导下，对自己的学习行为、学习过程、学习方法以及结果进行持续性、批判性的审视。反思性学习是学生不断地进行调节优化，努力消除英语学习中的困惑，解决学习中存在的问题，促进自主学习能力提升的一种有效的学习方式。

反思性学习作为一种新型的学习方式，是以学生为主体的。学生在对自身的学习行为以及学习过程不断反思的过程中，会一层层剖析自己，逐步认识到自己存在的问题。通过反思，学生的英语思维能力不断发展提高，同时，反思性学习能极大提升学生在学习活动中的主动性。

尽管反思性学习是一种有效的学习方式，但是它也有其局限性。首先，反思是学生内隐的活动，因此，在进行反思性学习时，教师很难用某种工具对学生进行衡量和把握；其次，每个学生的反思方式都有各自的特点，因此，反思性学习肯定存在个体差异性，使得反思性学习的效果很难评价；最后，反思性学习是一个长期的活动，需要师生长时间坚持，短时间的反思不会产生大的效果。所以，学者对反思性学习的研究必须长期坚持下去。

## 二、反思性学习的特点

### （一）探究性

反思性学习中的反思并不是对过去或以往知识的"回顾"或"回忆"，而是强调学生要找到以往学习中遇到的问题，并寻求这些问题的答案。反思性学习的精华就在于：提出问题；对问题进行研究探讨；找到问题的解决办法。因此，反思性学习方式具有探究性的特点。

### （二）创造性

反思性学习是一项积极的思维活动。通过反思，学生可以不断拓宽自己的思路，使自己的思考过程得以完善。反思是探索、发现以及再创造的过程，学生在反思的过程中举一反三，就可以提高自身的英语素质。

### （三）自主性

在反思性学习过程中，学生是处于完全自主的状态的，通过自我认识与分析、自我评价等来获得自我体验。反思性学习以学生的学习动机为基础，实现学生自身的"愿意学"和"坚持学"。可见，反思性学习具有明显的自主性。

### （四）发展性

运用反思性学习方式的目的是让学生能够学会学习。它主要关注两个结果：直接结果与间接结果。反思性学习不但要求学生完成英语学习的任务，而且还要求学生能够促进其自身理性思维的发展。这就体现了反思性学习的发展性特点。

## 三、反思性学习的原则

### （一）主体性原则

在培养学生进行反思性学习的过程中，这个原则很重要。他们在学习过程中不断对自己的知识体系进行建构，同时，在和周围的教师、同学的互动中积极建构自身经验。通过这种双重建构，学生得以发展自己，所以学生是自我发展的主体。反思性学习策略的实施就是对学生学习主动性的培养，同时，反思性学习策略的实施也是建立在学生发挥主观能动性的基础上的。

因此，在培养学生进行反思性学习过程中要遵循主体性原则。教师要向学生阐明反思性学习对学习的作用，鼓励学生在学习过程中进行积极的反思，让学生运用反思性学习策略对自己的学习态度和行为进行调整，促使学生主动反思。

### （二）强化意志控制原则

反思性学习是一项长期、渐进的工作，"三天打鱼，两天晒网"的反思是没有作用的。在反思性学习过程中，意志控制对学生的学习有很强的维持作用。虽然学生在反思性学习之初有一定的反思意识和反思兴趣，但随着反思性学习的推进，从他律到自律，从浅到深，学生的反思意识的推动作用逐渐减弱，这时就需要意志控制发挥强大的力量。因此，在策略实施阶段，无论有无教师监督，学生都要自觉完成反思作业，自觉抵制不良情绪的干扰，将反思意识内化成一种习惯。

### （三）灵活运用策略原则

在运用反思性学习策略时，教师既要整体设计，又要分项考虑。多种学习策略既可以贯穿一节课，也可以根据具体的教学情境选择利用，如合作学习，有的是比较简单的问题，学生自己能解决就没必要再交流合作。对于一些抽象概念比较多的课程来说，某些问题难以解决，需要相互交流借鉴，可选取这个策略。

学生的作业评定引入了作业互评策略，但不能忽略了教师的评阅作用，两者可以有机结合，实现传统式与新模式的融合。学生在进行反思性学习时，教师要让学生明白何时及为什么使用反思性学习策略，根据学习效果和学生的反馈及时调整学习策略。

### （四）转变评价方式原则

传统的教学评价更多的是横向评价。在反思性学习过程中，教师要对学生实行纵向评价，引导学生看到自己的进步，增强学生的自信心。评价手段不能以考试测验为主，也应包括学生平常的表现，教师应定期评阅学生的解题档案、对话日记，使评价内容实现多维化。教师不仅要关注学生知识和技能的获得，还要关注学生情感价值观的培养。

## 四、反思性学习的理论基础

### （一）元认知理论

元认知是个人在认知过程中将自己的认知活动作为认知对象，对认知过程进行积极的监视和控制，并不断地调节认知能力，从而达到预定目标的活动。在反思性学习中我们同样是通过对学习中各个环节的反思，来调节自己的认知能力的。因此反思性学习是一种认知过程，元认知理论是反思性学习的理论基础。

美国心理学家弗莱维尔（Flavell）把元认知分为三个方面，即元认知知识、元认知体验、元认知监控，这三个方面相辅相成、密切联系。

#### 1. 元认知知识

其中，起到基础作用的是元认知知识，即人们在认知过程中参与这项任务并对这项任务中各因素怎样相互作用等问题的认识。在学习方面，学生能够得到发展所依靠的基础也是知识，即学生首先要掌握一定的元认知知识，这样才能对自己的学习有一个真正的认识。同时学生在学习的过程中，需要不断地反思，反思的作用是使元认知知识进一步升华为一种能力，从而完善学生的认知结构。

#### 2. 元认知体验

元认知体验与人的情感有关，是认知产生的一种情感体验。元认知体验不会单独出现，常伴随认知活动产生。这种体验是因人而异的，产生的效果也各不相同，没有什么规律可言，例如，当学生即将学习新内容时会对自己能否很快接受这一内容产生一个预估；学生对自己之前所取得的成绩的满意程度；学生对将要进行的考试产生的焦虑心理；学生对自己成功解答出一道难题而产生的喜悦等。因此，这种元认知体验是十分重要的，它可以直接从学生的内在来影响学习的结果。

3. 元认知监控

元认知监控简单来理解就是一种对自己的监督和控制的过程。从学习的角度来看，学生在实际学习中给自己制订确切的计划，按照计划进行学习，定期反省总结，如果发现不足就及时改正，适当调整学习策略，努力解决问题，从而实现对学习的监控。

元认知监控可以在一定程度上帮助学生监控自己的学习。通过不断反思，学生可以对自己的表现进行评价，尽早发现自己存在的问题，这样就能更好地调节学习方法，进而提高学习效率。

## （二）批判理论

批判理论与反思性学习之间也存在着一定的联系，学生只有带着批判性的思想，才能更好地进行反思性学习。该理论认为，学生要积极主动地发现问题，以批判性的思维进行合作探究，并不断反思审视自己，进而更好地解决问题。这就要求教师在教学过程中加以指导，增强学生的批判意识。学生可以把教师和同学作为一面镜子，不断审视和批判自我。同学之间可以经常进行互相评价，在这样的过程中发现自己的不足并及时改正。学生对学习中的问题要有自己的看法，切不可随波逐流，要敢于表达自己的观点，敢于接受他人的批判，敢于进行自我反思，这样才能真正学到知识的内涵，才能不断进步。

# 五、反思性学习的实施策略

## （一）自我规划与自我监控

在反思性学习中，学生首先要对自己的英语学习进行规划，即通过审视自己的学习目的、内容、方式及其环境来制订适合自己的学习计划，并且保证该计划符合自己的学习方式。

此后，学生开始学习，但在学习的开始，学生就要对自己的学习进行严格的监控和调节，并对自己的学习计划进行反思，建立一个良好的开端。当然，计划与真实的学习行为之间存在一定差距是正常的，只有进行了预先的计划，学生才能有明确的方向,但是将计划付诸行动需要使用切实可行的学习方式,更需要强有力的监督机制。

### (二)自我省思与自我评价

在一段时间的学习后,学生必然会收获一定的学习结果,从传统意义上来说,该学习过程已经结束。但是对于反思性学习来说,这其实才刚刚进入第二个阶段。这是因为在反思性学习过程中,学生关注的不仅仅是学习结果,还包含学习过程。通过对学习结果与过程进行反思,学生可以诊断出问题所在,具体包含以下几个步骤。

①学生具有问题意识,就会在内心产生一种困惑、怀疑的感受,并有决心试图对其进行改变。

②当学生意识到问题之后,就会主动进行反思,并致力于找出问题的原因。

③学生广泛搜集关于自己活动的信息,并分析与之相关的经验,用批判的眼光加以审视。通过分析,学生发现出现这些问题的原因,并及时进行记录。

④找出问题的原因之后,学生要寻求解决的方法,发现更有效的学习策略。

⑤学生对这些经验和教训进行总结,寻求补救的措施。

### (三)自我调节与自我补救

学生在通过自我反思和评价发现自己学习过程和结果仍存在明显的不完善之处后,就需要对这些不完善的地方进行调整。学生应根据反思所得到的问题原因、分析资料以及补救措施,重新调整自己的学习计划,并制订更具有针对性的学习方法和策略。只有对这些问题进行改进后,学生才能进入下一环节的学习。

# 第四章　高校英语教学改革

在信息技术飞速发展的背景下，高校英语教学发生了巨大改变，高校英语教学改革已迫在眉睫。本章分为高校英语教学改革的意义、高校英语教学改革的背景、高校英语教学改革的历程、高校英语教学改革的方向四部分，主要包括顺应新形势下英语教学发展的要求、英语教学改革的时代背景等内容。

## 第一节　高校英语教学改革的意义

### 一、顺应新形势下英语教学发展的要求

以学生为中心，充分发挥学生的主体地位，实现全人发展，是新形势下英语教学发展的要求。英语教师应该将培养学生形成自主学习能力、学会终身学习作为一项重要任务。随着知识的不断更新和发展，学生需要掌握的知识也在迅速增加，仅仅学习教材上的知识已经无法满足学生今后立足于社会的需求。这就要求学生不断学习，形成终身学习的能力，进而充分利用所学知识来解决生活中遇到的问题。

对于全人发展而言，高校英语教学应首先定位在人的教育上。在具体的教学过程中，教师应培养学生的学习兴趣，帮助其掌握有效的学习策略并养成良好的学习习惯。

要实现全人发展，教师不但要注重学生的知识教育，而且应强调学生精神世界的建设。通常，学生具备社会责任感以及严谨的学习态度会对其今后的学习产生正向影响。全人发展特别强调学生的个性，认为每一位学生都有一定的个人潜能。教师应与学生多沟通，从学生角度得到改善英语教学现状的启发。和谐的课堂氛围是实现全人发展的基础，所以师生之间应该建立一种平等的关系。除课堂

外，教师可以为学生多创造一些接触英语的机会，让他们在学习过程中体会到成功带来的喜悦。

## 二、有利于改变陈旧的英语教学模式

当前，我国的英语教学存在一个明显的问题，即以传授基础知识为主，很少组织交际活动。简单地说，英语教学模式陈旧是我国英语教学面临的一个问题。对此，不少英语教学研究者概括和分析了陈旧教学模式的负面影响，如教学实际与教学目标背道而驰，教学材料和内容与当今社会发展的需要不适应，单一、陈旧的教学方式造成了机械、被动的学习等。

以教师为中心的教学模式是陈旧的英语教学模式的特点之一，其会严重影响英语教学的效果和学生的学习积极性。在很长一段时间里，人们评价教师是否合格仅注重这几点：教师是否认真备课、教师在课上讲解的内容是否丰富、教师在课上讲解知识点时是否有条理等。

在以教师为中心的英语课堂上，因为担心学生听不懂，教师会反复地举例说明，不停地讲解词汇和语法点，甚至一些教师为了让学生清楚、明白，不惜用整节课的时间逐词通篇地翻译一篇课文，完全忘了要为学生提供理解和消化的时间。而在这样的课堂上，学生为了能抓住教师讲解的每一条信息，大都将注意力放在记笔记上，没有多余的思考和参与课堂活动的时间，总是被动地听。显然，在这种师生之间除了讲、听之外没有思考和语言交际的课堂上，学生的学习效果一定不会很好。

总之，以教师为中心的陈旧、老套的教学模式大大限制了学生在课堂上应有的自由，阻碍了学生潜力的发挥。因此，高校英语教学模式的改革势在必行。

## 三、有利于科学评价体系的形成

在传统的英语教学中，教学评价的方式十分单一，最常见的就是考试。这种评价方式主要是为了测试与选拔，总是按成绩的高低对学生进行排名，所以给一些成绩不太好的学生带来了一定的伤害。对此，高校英语教学评价也要进行改革，如采用多元的评价方式。教学评价的真正目的并非对学生进行分类，而是对教师的教学效果进行监测，对学生的学习情况进行观察，从而进一步改善教学方法和提高教学效率。

教师在教学改革背景下进行评价时要遵循三个原则：激励性原则、情感性原则和多元化原则。这三大原则有各自的优势。

其一，在教学评价中应遵循激励性原则。这一原则可以促进学生的全面发展，规避一些错误的教学观念。分数一直以来都是教师、家长乃至社会用于评价学生的一项重要指标，无形中给学生带来了巨大的压力。显然，在这样病态的环境下，学生很难看清自己的进步和不足。真正有效的评价应该是激励学生进步的，而不能一味地打击学生的学习积极性。学生只有清楚地看到自己的进步和不足，才能更好地改善自己，从而得到更好的发展。

其二，在教学评价中应该遵循情感性原则。在进行教学评价时，对学生情感的关注可以从更深层面看到学生的学习潜力。

其三，多元化也是教学评价应遵循的一个原则。具体来说，实现教学评价的多元化体现在目标多元化、评价主体多元化、评价工具多元化等方面。以上几个多元化中最为重要的是评价主体的多元化。教师一直是传统教学评价中的一个主体，学生为评价对象。科学、全面的教学评价应该有教师、学生、家长的共同参与，让他们都能成为教学评价的主体。

## 第二节　高校英语教学改革的背景

### 一、高校英语教学改革的时代背景

如今，信息技术迅猛发展，网络已经深深地影响了人们的生活。信息技术不仅为人们交流沟通提供了便利的媒介，更为学习提供了新的途径。同时，随着经济全球化的到来，国与国之间交往日益频繁，因此文化之间的交往与传播不可避免。可见，信息化与经济全球化成为影响高校英语教学改革的两大重要因素。

#### （一）信息化时代

人类已经进入了信息化时代，信息化是当今世界经济和社会发展的大趋势。21世纪，科学技术特别是信息技术和生命科学不断突破，使世界发生了巨大变化，它改变了人们的生活、工作和交流方式，并以其灵活性、便捷性和有效性影响着教育的发展。现在，信息化建设已经成为高校建设的重要组成部分，作为一项基础性、长期性和经常性的重要工作，其建设水平是高校整体办学水平、学校形象和地位的重要标志。

教学的改革重在教学过程的推陈出新。在传统教学中，由于教师无法同时顾及众多个性相异的学生，往往采用统一的、标准化的教学方法，抑制了学生个性的发展，不利于学生综合学习能力的培养。而教学的改革与发展要求我们建构生命形态的课程观，把握"教的方式"和"学的方式"两个重点，整合知识与技能、过程与方法、情感与价值观等目标，致力于推进教学改革的过程性创新，让教学焕发生机。

互联网为人们提供了前所未有的学习机会，人们不但可以共享学习资源，还能克服时空的障碍，这些都为教育教学带来了广阔的前景。《国家中长期教育改革和发展规划纲要（2010—2020年）》（下文简称《规划纲要》）明确指出，必须高度重视信息技术对教育发展的革命性影响，并从宏观层面上指明了教育改革应全面走信息化发展道路。《规划纲要》同时指出，为加快教育信息化进程，必须强化信息技术在教学中的应用，教师应提高信息技术应用水平，更新教学观念，改进教学方法；学生应提高运用信息技术分析解决问题的能力，并学会利用信息手段自主学习。

无论是在基础教育还是高等教育中，英语教学都贯穿始终，是教学的重点内容之一。信息技术的迅猛发展给我国英语教学带来了新的希望和挑战。应用信息技术开展教学是信息时代占主导地位的课程学习方式，信息技术与高校英语课程整合是推进高校英语由传统教学向现代教学转变的重要途径。2012年在哈尔滨商业大学召开的"全国大学外语课程及教学改革学术研讨会"提出了一个鲜明的主流观点：高校英语教学改革要取得成功，必须走信息化高校英语教学改革之路。

将现代化信息技术融入高校英语课堂教学，给英语教学带来了深刻的变化。越来越多的学生可以通过互联网接触大量图文并茂、声像俱全、生动真实的语言学习资源。教师教学理念、教学过程、教学活动、教学方法和学生学习策略乃至教学评价标准等诸多教学要素都发生了巨大变化。高校英语教学正逐渐呈现信息化教育的特征，如教材立体化、教学资源网络化、教学环境虚拟化、教学个性化、学习评估过程化等，使信息技术应用渐渐变成英语课堂教学的一部分。

事实上，信息技术本身并不能帮助学习，关键还是在于如何将它融入日常英语教学活动，使它和语言一起成为有效的工具，从而培养学生用英语和网络开展交际合作、运用信息构建新知识的能力。有学者认为，这种能力正是当代创新型外语人才培养的基本内容和目标。

## （二）经济全球化时代

随着经济的发展和科学技术的创新，国家间的经济交往日益频繁。经济全球化是商品、技术、信息、服务、货币、人员、资金、管理经验等生产要素跨国跨地区的流动，使世界经济日益成为紧密联系的一个整体。经济全球化是当代世界经济的重要特征之一，也是世界经济发展的重要趋势。

在经济全球化时代下，如何提高学生的跨文化交际能力成为人们日益关注的问题。为此，很多专家、学者进行了大量研究，认为学生跨文化交际能力的提高依赖于多掌握具体、形象的目的语文化背景知识，了解中外文化的各自差异，多参与一些与英语运用相关的活动。诚然，这种看法不能说是错误的，但这些形式从本质上而言并未涉及外国文化的核心内容。

换言之，高校英语教学中的文化教学效果不甚明显的原因是其所遇到的深层文化障碍并未消除。而经济全球化时代下高校英语教学中的深层文化障碍问题主要涉及深层文化、文化定势、文化障碍等方面。

## 二、高校英语教学改革的紧迫性

### （一）高校英语教学的现状

#### 1. 师资力量问题

目前，我国高等教育扩招的数量越来越多，这必然会造成英语教师师资不足。英语教师的教学任务十分繁重，大部分英语教师都是超负荷工作。一位普通的高校英语教师一周至少上 12 课时，同时还要承担备课、设计教学、批改作业、课后答疑解惑及科研任务等工作。过重的教学工作和任务使教师失去了很多自修的时间，很少有机会进行专业进修和休息调整。这些对英语教师提高工作效率和改善身心健康都极为不利。同时，这样的状况也导致英语教师的进入门槛较低，这就使英语教师的教学水平参差不齐。

#### 2. 文化意识问题

目前，我国英语教学活动还停留在传统的语言教授层面，较少涉及文化教学。造成这一现象的原因主要有几个方面：第一，教师自身所受的教育是传统的英语教育，因此教师的教学观念存在一定程度上的偏差。在课堂教学中，大部分英语教师只关注学生掌握语言形式的正确性，很少介绍英语文化知识。有些教师担心文化教学会增加学生的学习负担，因此很少把时间花在文化教学上。还有些教师认为学生记住单词并掌握语法知识就算是学好了英语，没有必要教授文化知识。第二，由于缺少英语学习的社会环境，因此教师本身掌握的跨文化知识比较零散、琐碎。第三，教师的教学任务十分繁重，很少有时间和精力进行文化教学研究。

### 3. 教学目标定位问题

教学目标是教学的前提，它指出了教学的主攻方向，制约着教学活动的全过程。教学目标制订得是否合理直接关系着教学的成败，影响着教学内容、教学方法、教学评价及教学效果等各方面。

教学目标是随着社会的变革、时代的发展而不断改进的，在满足社会需求的同时兼顾受教育者个人的发展。2004年1月，教育部发布了《大学英语课程教学要求（试行）》；2007年7月10日，教育部正式发布修订后的《大学英语课程教学要求》。

《大学英语教学课程要求》提出既要帮助学生打下扎实的语言基础，又要培养他们较强的实际应用能力，尤其是听、说能力。这种基础英语定位，以及培养学生英语综合应用能力的教学目标，并没有实际的应用目的，不能有效地帮助学生在今后工作和社会交往中使用英语进行口头和书面交流。因此，这样的教学目标的定位仍旧是含糊的。在目标的笼统和不确定性以及其他因素的影响下，一些学生在大学里学习英语的过程是迷茫的，缺乏正确的指引。

与此同时，很多高校都规定学生在完成高校英语相关课程的学习后要参加全国大学英语四、六级考试，其中还有不少高校把全国大学英语四、六级考试成绩与学位挂钩。这样一来，学生就很自然地把高校英语的学习目标定在通过全国大学英语四、六级考试上，把全国大学英语四、六级考试的成绩作为检验英语水平和教学成效的标准，高校英语教学因此在很大程度上被引向应试的方向。应试于是成了绝大多数学生学习英语的主要动力。这种工具性的学习动机使学生的学习兴趣和乐趣尽失，丧失了学习的积极性和主动性，造成后续的学习效率低下、教学收效甚微的局面。

教育承担着为未来社会培养合格公民的重要责任，英语教育为其中重要的一环。高校所培养的人才应该能满足适应和促进社会发展的需要，学生也应通过英语课程促进自身的全面发展。高校英语教学目标应有前瞻性，不断地预测未来社会的需求，并为满足这些需求做出相应调整。所以学生的语言综合应用能力、综合认知能力和多元文化素养应为高校英语教学目标的主要内容。

### 4. 课堂教学模式问题

我国高校英语的教学活动主要围绕教材展开。如果没有教材，学生不知道学什么，教师也不知道教什么。这种以教材为中心的教学模式使学生局限于学习陈旧的内容，让教师也连续几年教授同样的内容，使教师和学生失去了时代的新鲜感。

多年来，我国高校英语教学一直沿用传统的教学法，应试倾向严重。大多数高校的英语教学以阅读教学为重点，以语言知识的讲解为内容，以通过各种英语考试为目标，对学生的语言运用能力、跨文化交际能力、自主学习能力等培养力度不够。部分学生不能用英语进行交际，所学内容基本与将来工作没有直接关联，不能学以致用。

### 5. 英语教材使用问题

目前，大多数高校的英语教材都是根据教育部发布的教学大纲编写的。我国高校众多，各个高校的教学设备、师资力量及学生的英语水平不尽相同。教材编撰者很难将不同地区教师和学生的不同需求都考虑进去，尤其是那些偏远地区的英语水平相对较低的学生的需求。因此，教材的编写不能满足学生的个性化需求。

另外，教学学时与教材上繁多的教学活动之间也存在矛盾。通常，大学的英语课平均每周 4～6 个学时。然而，一整套大学英语教材通常由好几本书组成，包括听说、泛读、精读、快速阅读，甚至还有写作。要在每周 4～6 个学时内完成如此繁重的教学任务，大多数教师都会觉得时间仓促，无暇顾及学生在课堂内和课堂外有多少接受知识和消化知识的空间。

### 6. 考试评定制度问题

高校英语的教学大纲由教育部制订并成为全国各所高校的英语教学过程、教材选用和教学评估须遵循的标准。统一的教学大纲要求有统一的评估体系来评价每所高校的教学效果。因此，全国大学英语四、六级考试成为评价高校英语教学效果的重要手段。这种应试教育评估体系最大的弊端是不能兼顾所有的语言技巧和语言能力，导致学生学习英语就是为了通过全国大学英语四、六级考试，而不是掌握实用的语言技能。

为了帮助更多的学生通过考试，教师在课堂教学中花费大量的时间给学生灌输所谓的考试技巧。学生在课堂上学习的是单词、语法，而不是如何自如地用英语表达自己的思想。

为了通过考试，教师和学生都忙着准备考试。在考试通过率上，高校之间互相攀比，英语教学几乎成了应试教学。一些高校毕业生毕业时的英语水平只能应付日常生活交际，很少能够读懂自己专业方面的文献，更不用说能够用英语开展自己的研究或工作了。尽管我国大学生在英语学习上花费了很多时间，全国大学英语四、六级考试通过率很高，大学生英语听、说能力有所改善，但一些大学生在自己专业领域用英语开展学习和工作的能力还相当薄弱。

## （二）高校英语教学的最新要求

### 1. 创建多维互动教学环境

英语学习的过程实际上就是学生与教师、教学环境不断交往互动的过程。课堂交互应该是多维的，包括教师个体与学生个体、教师个体与学生群体、学生个体与学生个体、学生个体与学生群体、学生与环境、教师与环境等之间的交往互动。这种交往关系越复杂，课堂生态系统就越稳定，课堂教学效果就越好。所以，构建多维互动教学环境非常重要。

教学环境既包括课堂外部环境，又包括课堂内部环境。而构建多维互动的教学环境，应着眼于课堂内部环境的打造。要打造有利于多维互动的课堂环境，首先要关注教室的物理环境和师生背景。现代英语教学需要多媒体的支持，因此课堂需要配备网络和多媒体教学设施，使教师能够在课堂教学中适当使用多媒体课件，并通过访问互联网的方式，获取更多信息。

在课堂教学过程中，教师应积极打造建构型或师生共建型课堂生态，使学生在舒适的课堂氛围中利用课堂交互活动自我建构知识。教师应习惯性关注教室的座位编排方式、学生落座的位置、教学的方式方法、学生的情感态度、学生之间的竞争与协作等情况，对发现的问题予以及时解决。例如，如果发现学生都集中坐在教室的后部，应动员学生坐到前排，改变他们对待学习的消极态度；如果发现座位编排不利于当天的课堂活动，应该根据需要及时调整座位布局；如果发现教学方式沉闷，应及时调整教学安排，增加课堂互动环节。

课堂生成的环境主要指班风、学风以及课堂教学规章制度等。好的班风、学风和课堂规章制度会促进课堂生态因子之间的交往互动。在日常教学中，教师和学生应该共同努力，缩短师生之间的心理距离，建立良好的师生关系，开展平等和谐的课堂交往，共同营造一种有利于课堂交互和知识建构的班风、学风，并制定一些有助于规范教与学行为的规章制度，打造有利于课堂多维互动的教学环境。

### 2. 提高师生信息技术素养

师生信息技术素养是决定高校英语教学信息化重塑能否取得成功的关键因素之一。如果作为课堂生态主体的教师和学生的信息技术素养不高，就很难和作为环境因子的现代信息技术形成良性交互。

现在，很多高校都在一定程度上存在师生信息技术素养不高的问题，主要体现在师生信息技术的应用能力不强以及面对信息技术的修养不够。虽然大多数教师都能运用多媒体课件辅助教学，但是不少教师缺乏在互联网上检索、获取和分析信息的能力，缺乏自己制作或改造多媒体课件、自己利用计算机软件处理音频和视频文件的能力。因此，有些教师就会害怕使用技术，在教学上存在不使用技术或低值使用技术的问题。学生也有技术能力不足的问题，如有些学生在网络学习界面缺乏自主学习的能力，有些学生缺乏完成基于网络的研究性学习任务的能力等。总体而言，在信息修养方面，教师方面的问题主要体现在不加修改地使用互联网上下载的教学课件，没有考虑在教学风格甚至教学内容上的差异以及版权问题；学生方面的问题主要体现为利用多媒体网络技术在完成学习任务时出现作假、作弊行为。

提高师生信息技术素养，可以通过思想引导和业务培训这两个途径。提高师生信息素养，必须坚持在教学实践中长期使用现代信息技术。只有当师生在使用信息技术教与学的过程中真真切切地感受到便利和成效，才会自觉增强信息意识，自然提升信息能力。

### 3. 发展平等和谐的师生关系

教师与学生的关系是课堂教学过程中最基本、最重要的关系。良好的师生关系是形成生态性课堂氛围、激发学生学习热情的直接动力，是师生共同满足教学需求、协同教学活动、实现教学目标的前提和保证。因此，在英语教学过程中，教师与学生应在民主、平等、和谐的基础之上建立相互尊重、相互理解、相互沟通、相互交流的交往对话关系。

教师在教与学的师生互动中起着主导作用，是构建平等和谐师生关系的主导力量。要形成良好的师生关系，教师应注意以下几个方面。

第一，树立正确的学生观。教师应认识到学生是"向师性"和"独立性"的对立统一体。一方面，学生希望受到教师的教育，得到教师的关注；另一方面，学生有一定的独立学习和活动能力，有一定程度的独立倾向和要求。大学生尤其如此。大学生大都已经学习英语多年，具有了一定的语言基础，掌握了一定的学习方法，养成了自己的学习习惯，具有了一定的自学能力；同时，他们又对高校英语教师具有较高的角色期待，希望在教师的指导下获得愉快的英语学习体验，大幅度提升自身的英语水平。教师只有正确认识学生的"向师性"和"独立性"，才会对学生采取正确的教育方式和态度，并产生相应的情感，才会有助于建立良好的师生关系。

第二，运用正确的教育方式。教师采用的教育方式不同，对学生产生的心理影响也会不同。传统的英语课堂是"专制"的课堂，是教师的"一言堂"，最终的结果是剥夺了学生的话语权和选择权，不利于建立良好的课堂交往和培养良好的师生关系。在英语教学信息化的过程中，有些课堂又走向了另一个极端，即过分依赖信息技术的教学效果，过分相信学生的学习自主性，走向了放任的边缘，最终产生了不好的教学效果，影响了学生对教师的信任和尊重。科学的教学观提倡教师在民主平等的基础上开展课堂活动，发展互动对话的课堂交往，建立和谐的师生关系。

第三，采取正确的评价方式。教师如何具体地评价学生的言行，对师生关系影响极大。大学生的自尊心很强，教师应多运用移情性评价，即教师以同情的态度，设身处地地结合学生所处的客观环境，以及内心的想法和感受来评价。这样会使学生觉得教师理解和尊重他们，使师生之间的关系更加密切。

第四，拉近距离，增强交往。在教学中，教师应在三个方面与学生拉近距离。首先是身份距离，教师应该通过调整传统角色定位，积极改变传统课堂中师生地位上的落差，以平等的姿态与学生交往对话。其次是情感距离，教师应该尊重学生、热爱学生、理解学生、做学生的朋友。最后是空间距离，在课堂内外，教师应真正地走近学生，接触学生。空间距离的缩短有助于拉近师生的身份距离和情感距离。在网络虚拟课堂中，教师应该利用网络教学平台上的交流机制，及时了解学生的学习情况，及时回答他们在线提出的问题，让他们感觉到教师仍然在他们身边。只有拉近了师生之间的空间距离、身份距离和情感距离，师生之间的心理距离才会变近，师生才可以有效地沟通。

# 第三节　高校英语教学改革的历程

## 一、高校英语教学的低迷时期

1953年7月，教育部印发了《关于高等师范学校教育、英语、体育、政治等系科的调整设置的决定》，规定在全国8所高等师范院校中，仅华东师范大学一所学校保留英语专业，其余全部改设俄语专业。在半年内，高校院系调整工作基本完成。经过调整，全国182所高等院校中，只留有复旦大学、北京大学等7所院校开设英语专业。在这种背景下，高校英语教学处于前所未有的尴尬境地。除了复旦大学新闻系有五名学生选修英语之外，高校英语课程几乎绝迹。语种设置上的失误给高校英语教学带来了非常不利的影响，出现了重专业外语、轻高校英语的倾向。在强调发展俄语教学和专业外语教学的同时，高校英语教学遭受重创。

## 二、高校英语教学的缓步恢复期

1956—1966年教育部制订了人才培养规划，决定从1956年秋季起逐年扩大英、法、德等外国语种的招生规模。各地学校纷纷创造条件创建外国语学院，开设了英、法、德、日等语种的课程。

1964年10月，教育部同中央有关部门制订了发展我国外语教育事业的指示性文件《外语教育七年规划纲要》，提出英语为高校教育中的第一外语。"必须扩大外国语言教学"指示的发布和高校"英语为第一外语"教育方针的公布，对我国英语教育的发展有着较大的促进作用。各高校开始调整所设语种的比例，使学习英语的人数大量增加。至此，我国高校英语教学跨出了重要的一步。

与此同时，教育部为恢复英语教学采取了一些重要而积极的措施，如1955年教育部委托高等工业学校外语教材编审委员会制订了英语教学大纲。该教学大纲先由上海交通大学外语教研室提出初稿，再由高等工业学校外语课程教材编审委员会审定，又于1962年5月在高等工业学校工作会议上复审、定稿。这是1945年后我国第一份高等教育英语教学大纲，全称为《英语教学大纲（试行草案）》（高等工业学校本科五年制各类专业适用）。此外，教育部还编写了统一的英语教材。

纵观这一时期我国的高校英语教学，与前一个阶段相比稍有好转，尤其是《外语教育七年规划纲要》将英语作为高校教育中的第一外语，对高校英语教学地位的提升起到了非常重要的作用。

## 三、高校英语教学的停滞时期

1966—1978 年是我国高校英语教学遭受重大破坏的阶段。从 1966 年到 1970 年年初，高校英语教学和我国的高等教育系统一样，处在濒临崩溃的边缘。学生"上山下乡"，到农村参加劳动，学习时间无法得到保证。在这样的时代背景下，此前我国英语教学取得的成就被抹杀，也从根本上否定了英语教育。许多学校的英语教学被取消，外语专业停止招生长达六年，刚刚恢复的高校英语教学处于瘫痪和中断状态。

## 四、高校英语教学的恢复发展时期

1978 年 5 月 11 日，《光明日报》刊登的文章"实践是检验真理的唯一标准"，引发了一场关于真理标准问题的大讨论。在此背景下，全国英语教育座谈会于 1978 年 8 月 28 日至 9 月 10 日在北京召开，这在新中国英语教育史上具有重要的意义。来自全国 180 所英语院系和高校英语教研室的多位代表出席了会议，总结了中华人民共和国成立以来我国英语教学发展的经验和教训，提出了今后一个时期英语教育发展的方针，并讨论了英语教育质量、师资队伍建设、英语教材编写等方面的工作。在讨论成果方面，此次会议形成了《加强外语教育的几点意见》。教育部于 1978 年年底将其印发全国，并要求各地根据实际情况参照执行。《加强外语教育的几点意见》集中体现了党的十一届三中全会精神，提出了"要办好高等学校英语教育"，为国家"培养既懂专业又懂外语的科技人才"。此次会议的重要贡献是使长期以来高校英语教学不受重视的局面得到了改变，为我国高校英语教学的发展奠定了新的基础。

1981 年，我国高校英语四、六级制度转型，将全国大学英语四、六级考试成绩按一定比例计入高校考核总分，这在一定程度上提升了学生学习英语的积极性，同时也对高校英语教学提出了更高的要求。1980—1982 年，我国先后出版了两套在当时较有影响力的教材，分别是上海交通大学吴银庚教授主编的高等学校理工科试用《英语》教材和清华大学教授陆慈主编的《英语教程》（理工利用）教材。这两套教材以培养学生的阅读能力为主，同时注重培养学生的语言实践能力，对英语教学中学生听、说、读、写能力也提出了一定的要求。

1982年，高校英语教学研究会成立，其成立宗旨是通过积极开展学术交流活动，促进高校英语教学的提高与发展，为实现社会主义现代化做出贡献。高校英语教学研究会为我国高校英语教学质量的提升起了功不可没的作用。

1984年11月，全国高等学校文科高校英语教材编审委员会在上海召开大纲修订工作会议，并成立大纲修订组，历时一年修订后的《大学英语教学大纲》（高等学校文理科本科用）经过高等学校外语教材编审委员会审定通过。

通过对这一时期我国高校英语教学发展历程的回顾，可以看出这段时期我国高校英语教学走过了一段非同寻常的道路，为下一阶段的发展奠定了较为坚实的基础。

## 五、高校英语教学的稳步发展时期

改革开放后，我国经济与社会快速发展，取得了举世瞩目的成就。这一阶段又可以分为两个阶段。

1982—1987年的标志性事件主要有三件，具体如下。

一是颁布了《大学英语教学大纲》（高等学校理工科本科用）和《大学英语教学大纲》（高等学校文理科本科用）。这两份教学大纲是我国全面改革高校英语教学的一个重大尝试，成为当时各高校进行英语教学的依据和指导性文件。

二是出版了全国高校通用的《大学英语》，该教材由复旦大学、北京大学、华东师范大学、中国人民大学合作编写，董亚芬教授主编。这套教材基本上体现了新教学大纲的要求，达到了大纲所规定的各项指标。同以往出版的同类教材相比，这套教材从形式到内容都有所创新，吸收了国内外英语教学法研究的某些新成果，具有一定的先进性；同时，这套教材保留了过去的教学实践中已证明行之有效的做法，符合当时和此后一段时间内我国高校英语教学的实际情况，具有广泛的可行性。

三是设计实施了全国大学英语四、六级考试，用于检查和考核大学英语教学的质量和成效。全国大学英语四、六级考试的实施标志着我国高校英语从教学目标到教学计划、从教学内容到教学方法以及教学评估整个教学体系的初步建立。

1987—2001年，随着我国对外开放力度的加大，国际交流日益频繁，社会发展对高校英语教学提出了新的要求，培养具有国际竞争能力和能听、说、读、写的外语人才已成为高校英语教学的迫切任务。在此背景下，这个阶段我国完成了《大学英语教学大纲》的修订、试题库建设、九校高校英语自主考试改革试点工作、多套教材的修订和开发以及全国大学英语四、六级考试新题型和口语测试的增加等一系列深化高校英语教学改革的工作。其中最具有标志性的事件就是制订了1999年版的《大学英语教学大纲》。

修订后的大纲不再分文理科和理工科，教学对象为全国各类高等学校的文、理、工等各科本科生。新修订的大纲第一次将通过全国大学英语四级考试定为"全国各类高等院校学生均应达到的基本要求"。同时考虑到全国高校的差异，修订后的大纲提出"分类指导"的原则，在教学内容上"两头延伸，高低兼顾，一纲多用"；并将原先的"专业阅读"改为"专业英语"，提出英语学习"四年不断线"的原则。

## 六、高校英语教学的持续大变革时期

2002年至今，是高校英语教学的持续大变革时期。2001年，我国成功获得2008年夏季奥运会主办权并且正式加入世界贸易组织。为了适应新形势的需要，教育部采取了一系列措施来促进我国高校英语教学质量的提升。2001年，第八轮新课程改革开始，教育部下发了《全日制义务教育普通高级中学英语课程标准（实验稿）》。不久后，教育部开始酝酿高校英语教学改革的方针。2002年，现代信息技术首次在高校英语网络课程中得以应用。2002年，时任教育部高等教育司司长的张尧学在《中国高等教育》杂志上撰文，分析了我国高校英语教学的现状，并提出多条切实可行的建议。

2003年，教育部启动了《高等学校本科教学质量与教学改革工程》，推进高校英语教学改革是这项改革工程的四个重点项目之一，也是"突破口"。随着这一改革工程的开展，我国有史以来规模最大、耗时最久、争议最多的外语教育教学改革运动正式开始了。关于这一改革工程，教育部决定采取三项措施改革高校英语教学：①广泛采用先进的信息技术，推动以计算机为基础的英语教学改革；②制定《大学英语课程教学要求》；③进一步改革全国大学英语四、六级考试。同年3月份，教育部正式启动了《大学英语课程教学要求》的编写工作，并于2004年1月份正式发布了《大学英语课程教学要求（试行）》。制定《大学英语课程教学要求（试行）》是这轮高校英语教学改革的核心。清晰的改革思路以及明确的实施框架在《大学英语课程教学要求（试行）》中均得到了充分的展示和体现。在《大学英语课程教学要求（试行）》制定的基础上，改革的后续工作，如教学手段、教学内容、课程设置、考核体系等都将围绕《大学英语课程教学要求（试行）》而展开。

2004年版的《大学英语课程教学要求（试行）》将大学英语教学的性质界定为"大学英语教学是高等教育的一个有机组成部分，大学英语课程是大学生的一门必修的基础课程。大学英语教学是以英语语言知识与应用技能、学习策略和跨文化交际为主要内容，以外语教学理论为指导，并集多种教学模式和教学手段为一体的教学体系"；将大学英语教学的目标明确为"培养学生英语综合应用能力，特别是听说能力，使他们在今后工作和社会交往中能用英语有效地进行口头和书面的信息交流，同时增强其自主学习能力，提高综合文化素养，以适应我国社会发展和国际交流的需要"。

在教学要求方面，文件提出，"我国幅员辽阔，各地区以及各高校情况差异较大，大学阶段的英语教学要求分为三个层次，即一般要求、较高要求和更高要求。这是我国所有高等院校非英语专业本科生经过大学阶段的英语学习与实践应当选择达到的英语水平标准。一般要求是每个大学毕业生必须达到的目标"。

在课程设置方面，文件提出，"各高等学校应当根据实际情况，按照《大学英语课程教学要求（试行）》确定本校的大学英语教学目标，设计各自的大学英语课程体系，将综合英语类、语言技能类、语言应用类、语言文化类和专业英语类等必修课程和选修课程有机结合，以确保不同层次的学生在英语应用能力方面得到充分的训练和提高"。

同时文件提出，教学模式要实现三个转变：实现"以教师为中心"向"以学生为中心"的转变、实现"单纯传授语言知识与技能的教学模式"向"既传授一般的语言知识与技能，更重视培养语言运用能力和自主学习能力的教学模式"的转变、实现"以教师讲授为主的单一课堂教学模式"向"基于计算机和课堂的英语多媒体教学模式"的转变。与此同时，高校英语教学的评估也必须进行相应的改变：要采取终结性评价与形成性评价相结合的方式，要以形成性评价方式激励学生学习、帮助学生有效控制学习过程，要以终结性评价方式判断学生学习语言整体水平上的提高和发展情况。为了确保高校英语教学达到既定的教学目标，要强化教学过程的指导、督促和检查，要建立完善的教学文件和教学管理文件、积极推行学分制、健全教师管理和培训体制。

《大学英语课程教学要求（试行）》的发布施行是高校英语教学改革的重大举措，积极推动了我国高校英语教学的改革，促进了教学质量的提高。经过3年多的试运行，教育部在广泛听取全国高校师生的反馈意见之后，于2006年11月对《大学英语课程教学要求（试行）》进行修订，使其更加符合我国教育形势与发展情况并反映教学改革的实际。教育部于2007年7月正式发布了修订之后的《大学英语课程教学要求》（2007年版）。

修订之后的《大学英语课程教学要求》保持了试行版本的基本框架、教学理论和主要规定，主要对"教学性质和目标""教学要求""课程设置""教学模式""教学评估""教学管理"以及"大学英语参考词汇表"七个方面的部分内容进行了调整、补充和修改，并对位置不太合适的字句做了必要的调整。修订后的《大学英语课程教学要求》标志着我国高校英语教学从统一性、规范性教学走向多样性、个性化教学，以及从纯语言考虑走向基于需求的教育理念的转变和提升，为全面实施高校英语教学改革提出了明确的目标和策略，标志着我国的高校英语教学改革开始步入较深层次的发展阶段。

2007年版的《大学英语课程教学要求》主要在以下六个方面有所改进：一是强调外语教学理论对教学实践的指导作用；二是重视大学英语课程的工具性和人文性；三是提倡大学英语课程设置的个性化；四是促进教学评估系统的科学化；五是推动基于计算机和课堂的教学模式；六是注重建设高素质的教师队伍。

到了2010年左右，随着我国社会外语环境的变化和社会对外语需求的变化，高校英语教学改革又进入了大讨论、大辩论的深层次改革阶段，被以上海复旦大学外国语言文学学院的蔡基刚教授为代表的一批学者称为"后大学英语教学改革"阶段。这些学者认为，大学英语教学应从通用英语（EGP）教学向专业英语（ESP）教学转移，着力培养学生的英语工作能力，以改变以往英语学习"费时低效"的诟病，提高语言学习效率。

上海市2013年2月发布了《上海市大学英语教学参考框架（试行）》，并遴选了一批高校进行为期2年的试点，同时要求各个试点学校要以学术英语为核心，围绕"提高学生用英语直接从事本专业学习、工作的能力，并使其在专业领域具有较强的国际交往和竞争能力"的教学培养目标，统一思想，转变观念，加强组织，稳步推进高校英语教学改革。

与此同时，全国其他省市也在改革高考英语考试，如2014年北京高考英语科目分值下调50分，向"一年两考"过渡，2014年山东省高考英语取消听力。可见，对高考改革，多地都拿英语考试"开刀"，这些变化会影响高校英语教学改革。同时，这也预示着我国高校英语教学新一轮变革的来临。

# 第四节　高校英语教学改革的方向

## 一、建构具有中国特色的英语教育体系

虽然我国在基础教育改革、高校英语教学改革、英语专业教育改革等方面取得了一定成绩，并且近年来的基础教育课程改革也取得了理念上、方法上的可喜变化，但同时新课标所倡导的培养语言应用能力、任务型教学方法、过程性评价等与我国目前大多数地区所采取的以知识传授为主、大班教学模式及中（高）考评价体系等存在矛盾，因此还存在许多问题值得人们探讨。

改革过程中所出现的课程设置、教材评价、师资培训、教学质量等方面的问题也要求人们立足我国国情建构英语教育体系，应该坚持本土性、多元性、发展性原则。其中本土性原则是指建构英语体系时应立足于我国英语教育实际，所进行的教育教学研究以及所主张的师资培养、人才培养模式等都要适合我国国情，符合我国英语教育教学特点，有助于我国英语教育的发展。多元性原则是说英语教育体系所建构的研究范式、教师教育模式和英语人才培养模式具有内容和形式的多样性。发展性原则强调以终身教育观为依据建构英语教育体系，结合不同层次英语教育改革的需求，注重教育目标的时代性、教育内容和形式的开放性。在此基础上，英语教育体系的框架从英语教育理论研究、英语教师教育和英语人才培养三个维度建构而成。同时，研究将随着社会需求、外部环境、个体差异等因素的变化而变化。

英语教育理论研究旨在对我国英语教育教学进行理论探讨；英语教师教育旨在提升教师的学习与教研能力，培养合格的英语教师；英语人才培养强调在教育实践中达到培养创新人才的目标。英语教育理论的研究成果通过教师在教学实践层面得以体现和反馈。

## 二、培养目标更加符合国际交往的要求

任何人才培养目标的形成都根源于社会发展的需要。从历史来看，我国英语教学在培养目标和质量规格上不断调整，经过了最早以语法为主、其后以阅读为主、目前突出听说能力三个发展阶段。随着改革开放的不断深入，社会对人才英

语听说能力的需求已经高于读写能力，这对高校英语教学提出了严峻的挑战，迫切要求重新修订英语教学大纲，以推动我国大学本科英语教学向着注重培养学生听说和综合应用能力方向转变。

为此，教育部于2004年发布了《大学英语课程教学要求（试行）》，并明确指出："大学英语的教学目标是培养学生英语综合应用能力，特别是听说能力，使他们在今后工作和社会交往中能用英语有效地进行口头和书面的信息交流，同时增强其自主学习能力，提高综合文化素养，以适应我国社会发展和国际交流的需要。"高校英语教学目标的重新确立主导了当前我国高校英语教学改革的基本方向，重视学生综合能力尤其是听说能力培养，已经成为当前高校英语教学改革的主流。

### 三、重视确立新型的英语教学模式

由于计算机、多媒体和互联网的普及，人们可获得的教学资源越来越丰富，现代信息技术应用在教育和教学领域的重要性日益为人们所认可。目前，随着计算机、多媒体和互联网技术的迅猛发展，建构主义的学习理论与教学理论在西方风行。建构主义学习理论主张以学生为中心，强调学生是信息加工的主体，是知识意义的主动建构者；认为知识不是由教师灌输的，而是由学习者在一定的情境下通过协作、讨论、交流、互助等学习方式，并借助必要的信息资源主动获得的。在建构主义学习环境下，"探索式""发现式"与"合作式"的学习过程是学生掌握学科内容的基本途径，也是以学生为中心教学模式的基本教学形式。

随着计算机、多媒体和互联网技术等现代信息技术的飞速发展，建构主义学习理论愈发显示出强大的生命力，并在世界范围内日益扩大影响。建构主义之所以能得到迅速推广，主要是因为计算机、多媒体和互联网技术等现代信息技术为建构主义学习环境的实现提供了最理想的条件；而建构主义学习理论与教学理论则为多媒体和互联网在教学中的广泛应用，以及以学生为中心的教学模式的推广提供了坚实的理论基础。

先进的建构主义教育理论有利于实现信息技术与课程的整合，能够把以计算机及网络为核心的信息技术作为教学环境的创设工具和促进学生学习的认知工具，应用到各学科教学过程中。这就有利于各种教学资源、教学要素和教学环节重新组合、相互融合，提高教学质量，促进传统教学方法的变革。

信息技术与课程整合是我国21世纪基础教育教学改革的一个新途径，与学科教学有着密切的联系和继承性，同时又是具有相对独立性的新型教学模式。信息技术与课程整合，不是把信息技术仅仅作为辅助"教"或辅助"学"的工具，而是强调要把信息技术作为促进学生自主学习的认知工具和情感激励工具，利用信息技术所提供的自主探索、多重交互、合作学习、资源共享等学习环境，把学生的主动性、积极性充分调动起来，使学生的创新思维与实践能力在整合过程中得到有效的锻炼。这正是创新人才培养所需要的。

由此可见，信息技术与课程整合是改变传统教学模式、实施创新人才培养的一条有效途径，也是目前国际上基础教育改革的趋势与潮流。

## 四、加强听说能力的培养

重阅读是我国高校英语，甚至是各阶段英语教学的重要特点之一。这一点在历年大学英语教学大纲和教学目标中都有直观的体现：1962 年，我国第一份高校英语教学大纲将阅读当作唯一的教学目标；到了 1999 年，尽管教学目标中增加了"用英语交流信息"，但并未明确提出培养学生的语言交际能力，而阅读仍然是大学英语教学大纲中的第一层教学目标；2007 年，《大学英语课程教学要求》指出，"大学英语的教学目标是培养学生英语综合应用能力，特别是听说能力，使他们在今后学习、工作和社会交往中能用英语有效地进行交际，同时增强其自主学习能力，提高综合文化素养，以适应我国社会发展和国际交流的需要"。

《大学英语课程教学要求》清楚地明确了高校英语教学培养学生语言交际能力的目标，即在强调听、说、读、写各种能力协调发展的同时，将听说能力的培养放在教学的重要位置。这是我国高校英语教学的一个重大突破。

## 五、在学分制下建立英语课程体系

传统的高校英语教学目标一直定位在提高学生基础英语知识和技能水平上，而长期以来高校英语的课程都是基于对语法和词汇等语言基础知识的传授和对听、说、读、写等语言技能培养而设置的，这造成了高校英语课程的类型单一。这种课程设置本身缺乏科学性，并直接造成学习过程单调乏味，学生缺乏学习的兴趣和动力。在当前高校英语教学改革的过程中，很多高校不再把高校英语课程单纯地定位为一门语言基础课程，而是把高校英语课程的设置与实施素质教育的通识课程和培养专门人才的专业课程有机结合起来。

需要指出的是，高校英语课程与通识课程和专业课程的结合是在学分制下进行的。在学分制状态下，由于实行了选课制，学生可以根据自己的能力、兴趣和需要比较自由地选择课程，自主制订学习计划，确定一个适合自己的课程体系表。高校英语课程通过与通识课程和专业课程的结合，打破了传统高校英语教学中英语课程设置单一的局面，既解决了高校英语教学学分和学时不足的矛盾，又充分利用了语言兼有工具性和人文性的本质特点，为学生拓宽知识面、了解世界文化、提高人文素质和专业素养创造了有利条件。

目前，很多高校的英语教学改革都从确定高校英语教学目标、开发和建设高校英语课程体系入手，并逐步形成了适合本校教学需要的、具有本校特色的高校英语课程体系。

通常，各高校将综合英语类和语言技能类的课程设置在大学一、二年级的基础阶段；语言应用类、语言文化类和专业英语类课程设置在大学三、四年级的高级阶段，且通常和通识课程以及专业课程（以英语或英汉双语为教学语言）的学习结合起来开设；采取必修课程和选修课程有机结合的形式，使不同层次的学生根据个人的兴趣和需要，在英语应用能力方面得到充分的训练和提高。

## 六、重视英语教材的研究和开发

教材是实现英语课程教学目标的重要材料和手段。教材为学生提供的语言材料是学生学习语言知识和发展语言技能的重要来源，教材中的语言实践活动和练习是学生学习语言知识和发展语言技能的重要过程和途径。选择和使用合适的教材是完成教学任务和实现教学目标的前提条件，高水平、高质量的教材对教师、学生、教学过程和教学结果都起到积极的作用。

目前，随着高校英语教学改革的深入和推进，高校英语教材体系发生了翻天覆地的变化。英语教材在内容和形式上更新颖、更先进，而丰富多样的英语教材在推动高校英语课程改革方面发挥了重要作用。与此同时，英语教育界的学者和一线教师对教材的认识也发生了显著的变化。

在高校英语教学改革的过程中，对教材研究重视和感兴趣的学者和教师越来越多。高校英语教学改革使得教材逐步朝着开放和自由的方向发展，教师和学校在教材的编写、选择、使用等方面拥有更多的自主权。

新的教材制度和格局对广大英语教师和英语教学研究者来说，既是机遇又是挑战。为了把握机遇、应对挑战，各大高校应该积极开展有关英语教材的编写、评价、选择和使用等方面的理论和实践研究，挖掘自身潜力，为将来能够在英语教材的编写、选择、使用的过程中发挥应有的作用而创造条件。

## 七、注重改革和完善英语测试与评价体系

高校英语教学改革在英语教学理念、课程设置、课程教材、教学方法、教学手段等方面深入进行的同时，也不能忽略高校英语测试和教学评价方式的改革。高校英语测试与评价体系的配套改革对整个高校英语教学改革的成败有重要影响。

从高校英语教学整个过程看，健全和完善的高校英语测试与评价体系应该包括起始性、形成性和终结性评价。但是在传统的高校英语教学中，教师往往只关注和普遍接受终结性评价所传递的信息，而这种信息往往远离教学的实际情况，不能全面而客观地反映教学中存在的问题。

目前，很多高校已经意识到终结性评价的不完整性，如忽视了学生的学习过程以及他们日常的学习行为表现。由于终结性评价方式是以考试成绩作为最终评价标准的，这无疑在某种程度上强化了分数的作用，使得相当一部分学生学习英语的动机和目的就是升学或考试。这种工具型的学习动机显然不易激发学生学习英语的积极性和持久性。同时，这种评价体制也极大地挫伤和遏制了英语教师对语言教学内容和方式进行改革与探索的积极性、能动性和创造性。

很多高校由此认识到，除非改变高校英语测试与教学评价的方式，否则就很难从根本上改变教学的方法与过程。

# 第五章　高校英语教师素质的改革

在社会经济、信息技术快速发展的背景下，英语教学改革不断推进。在这之中，课程与教材是英语教学的核心，而与学生有着人际互动关系的教师则是关键。高校英语教师对英语课程的认知程度与素质水平，对顺利实施教学活动有直接的影响。本章分为高校英语教师的角色、高校英语教师的素质、高校英语教师专业素质的发展三部分，主要包括教师角色的特点、传统高校英语教师的角色、高校英语教师素质的内涵、更新教学观念等内容。

## 第一节　高校英语教师的角色

### 一、教师角色的特点

提及角色，人们通常会想到其与身份、地位有关，是对人们身份、地位的诠释。每一种社会身份会随着特定的行为规范、行为模式等产生，当某一个体产生了为自己的社会身份所规定的行为时，其角色便诞生了。教师也是如此。在当今社会，教师扮演着十分重要的角色，他们以各种方式调动与引导学生参与活动，并引导学生在自己设定的环境中展开探索。就教师角色的特点而言，可将其归纳为五点，即自主性、人格化、个体创造性、多样性与发展性、弥散性与模糊性。

#### （一）自主性

在社会分工的基础上，为了满足一定社会经济、政治和文化的需求，教师这一职业产生并延续下来。所以，教师应该依照社会某种特定的要求来进行教书育人的工作，教师的角色目标从这个意义上来看是统一的、规定的。

但是，这并不意味着教师角色就完全没有自主性。在从事实际教育教学活动的时候，教师可以在遵守社会总体要求的前提下，自由、自主地选择所想要达到目标的方式和路径。在课堂教学这一情境中，教师更享有选择课程与教学方法的相对自主权。同时，教师在教学过程、课程设计、学生管理、学生动机、学生评价等方面享有法理权威。

### （二）人格化

教师的主要任务是传道、授业、解惑，他们不仅要传授给学生自身掌握的知识，还需要通过自己的道德与人格感染来影响学生。在教育中，教师应该将自己的人格化发展到极致。教师高尚的人格有助于感化学生的心灵。

教师良好的人格对于学生而言十分重要。在教育中，教师需要以人格为依据，涌现出自身的力量，这是任何制度、规章等都不能替代的。因为教师的人格对学生人格的形成与发展有着直接的影响。可见，教师角色具有明显的人格化，这一特征也要求教师对自己的道德与人格修养要十分注意，在实际教学中应该将自身的人格魅力发挥出来。

### （三）个体创造性

教师角色行为具有明显的个体创造性特点，这和社会上其他职业的从业者是不一样的。这一特点反映在两个方面。

一方面，学生是教师的劳动对象，在教师的培养下成长。教师应该充分了解每一个学生的具体情况，根据每一个学生个性发展的需求，平衡个性发展，对学生进行个性化教学。这一趋势在当今这个倡导尊重个性的时代进一步得到了加强。

另一方面，教师的许多行为方式本身具有较强的个体性特征。客观来看，在时间和空间上，教师工作相对是以个人活动为主的，主要靠个体的活动来完成教学成绩的提高和自身的发展。主观来看，按照罗狄亚的观点，教师所持有的理念是独立的成功观，强调个人的奋斗，对其他人采取不干涉主义。因此，其工作过程无法避免地表现出一定的个体性。

### （四）多样性与发展性

教师在不同的空间生活，在不同的舞台扮演不同的角色。很多社会学者研究发现，作为学校成员、社会成员，教师角色往往会发生交错，甚至可能出现冲突，但是又呈现出和谐共存的局面。

教师作为生活中一般的社会成员，享有普通公民所享有的权利与义务，扮演的角色也是学生导师、公众模范。教师作为学校环境下的一员，不仅扮演教师角色，还受到社会期望因素的影响和制约。因此，教师的角色是多变的，如纪律执行者、心理保健者、学生的朋友等。

无论教师扮演什么角色、担任什么工作，都要满足其角色的要求，很好地胜任某项工作。如今，信息技术迅猛发展，知识学习已经不是封闭式学习了，基于这样的环境与条件，教师需要创新教育、终身学习。

当然，也正是因为这些理念，教师的责任越来越大，他们需要不断更新自己，紧跟时代发展的步伐，了解自身的新角色，用发展的眼光对自己的角色进行定位，这样才能更好地引导新时代的学生。

### （五）弥散性与模糊性

在教育教学活动过程中，教师的责任是对事实和知识进行客观的和批判性的分析、激发学生的学习热情、传递正确的价值规范、唤醒学生对自身及社会的责任感、促使学生社会化等。每一位教师遵照自己的职责积极地展开教学工作。而学生的态度、行为、兴趣和价值观等方面的改变很难断定是哪一位教师劳动的直接结果，这就使教师角色特点表现出一定的模糊性和弥散性，并由此引发了教师角色的内在冲突，也就是说，教师个人希望看到自己所扮演角色的实际成果，但他们角色扮演中的许多成果又不是直接的，而是无形的。这样就产生了期待和现实之间的矛盾，所以教师很难从自己的工作中获得满足感。

对此，美国学者尼尔（Neal）曾做过生动的描述："大多数教师或多或少地感到他们的工作是一个无底洞。比起律师或医生，教师感到自己的工作要更多地耗损心力……因为他们的工作似乎永远不会了结，永远看不到尽头。"

## 二、传统高校英语教师的角色

在传统教学中，教师辛辛苦苦为教学工作做奉献、教书育人，他们在岁月的流逝中奉献出了自己的知识、青春，展示了自己的才华。随着时代的进步，教师所担当的原有角色在慢慢地发生变化。相对于理想的教师角色来说，传统高校英语教师的角色仍有以下特点。

### （一）教材的复制者

在传统的高校英语教学中，教师扮演着教材内容复制者的角色。教师的工作就是将教材内容原封不动地传授给学生，通常在教师眼中教材就是金科玉律、教参就是真理。因此教师常常将教材作为教授学生知识的来源，往往根据教材内容来设计教案。对教师教学好坏进行评价主要看教师能否把书本知识传达得到位、准确。显然，基于这样的观念，每一位教师都从书本内容出发展开教学，很自然地就成了英语教材的复制者。

在高校英语教学中，各高校都为教师配备了一整套教材、教参等，并且为教师设计了教材上要求的每一堂课的活动，教师如同批量生产的工人一般，千篇一律地开展教学，将大纲内容复制给学生。

在高校英语课堂教学中，教材、教参等是重要的资源。师生需要对这些资源进行开发，尤其对教师来说，他们需要对这些资源加以分割与整合，之后才能通过与学生的互动，将固有内容转化成丰富的可供学生理解与接受的知识。将教材的静态知识转换成动态的资源，将课堂上单一的知识转变成生动的课堂知识，最终目的都在于帮助学生获得知识。从这一角度而言，不但学生是知识的构建者与参与者，教师更是将自身置于开放的环境中，成为资源的积极构建者。

### （二）知识的传授者

当前，传统的教育观念依然根深蒂固地存在于部分教师的心中，这与现代多媒体教学环境对教师的要求有着很大的差距。

部分教师把学生看作被动地接受知识的容器，认为教材是学生必须接受的内容和对象，而教师自己则是知识的灌输者，教学成了简单的知识传递过程。这种重视知识忽略具体能力、重教学结果轻过程的教学方式，势必会形成教学过程的单一和重复，缺少新意，压制学生的创造性，阻碍学生身心健康的发展。一旦这样的角色意识长期驻扎在教师脑海中，也会钝化教师的研究精神和创新意识，使教师的教育观念、教学思想更加陈旧和保守。在以多媒体技术为背景的计算机网络等高新技术主导的信息社会，教师在知识和技术能力上的权威地位受到了挑战。

在多媒体教学环境下，面对这一教育浪潮的冲击，对知识传授者的传统角色有什么样的理解、是否应该对这一角色进行重新定位，值得每一位教师深思。因此，对于教师而言，知识传授者这一角色确实需要改进。在现代开放的社会环境下，教师的知识传授者的角色形象在一定程度上有所动摇，教师在教学中要努力地去扮演学生学习的激励者、引导者的角色。

### （三）课堂活动的组织者

课堂活动是任何教学活动都必不可少的重要组成部分，高校英语课堂也不例外。课堂教学活动是教学的载体，设计合理的教学活动在提高教学质量方面几乎起着决定性作用。英语是一门特殊的学科，有着很明显的技能训练的特征。所以，教师在课堂上要非常注重对学生听、说、读、写能力的训练和培养。课堂活动便是承载这种训练任务的主要方式。但是相应的，教师可用的教具只能是黑板、粉笔、录音机、幻灯片等。

在这些教具的帮助下，学生可以了解很多基础性的知识，对基本原理有最直观的接触和了解，但是，学生没有太多可能真正参与到课堂活动中，只能扮演被动地知识接受者的角色；而同时，英语训练需要的语言环境，在传统的大学英语课堂中是通过对话、辩论、话剧表演等形式来实现的，还有很多的语言练习在真实的课堂里难以实现，如电影的配音练习、远程对话交流等。很多时候，学生只能在非常不真实的、假想出来的场合里运用他们的知识进行所谓的角色扮演。这样的训练有它的优势，比如说直观，但是还远远不够，它还不足以加深学生的印象，所以在巩固学生的知识体系方面也欠缺力度。

### （四）独白者

从独白式教育现象来看，教师的传统教学行为虽然忠诚于学科，但是背弃了学生。教育者为谁工作？为学生，为学科，为学校和为社会。因此，教育者应该同时忠诚于这几个方面，这是作为一个教育工作者应具备的基本职业道德。在传统的课程环境下，教师是课堂教学的控制者，同时是课堂秩序的维护者。大学英语课本应该是生动活泼的语言课，却被很多教师上成了死板的语法课、翻译课。教师逐字逐句地翻译，学生安静地聆听，教师把整个教学看成是静态的、可预测的操作序列，以至于一切课程资源都是在教师的严格控制之下。每堂课的教学目标和教学任务都是预先既定的。在这种情况下，课堂教学就是教师按照预先设计好的程序一步步展开。

也就是说，在整个教学过程中，学生一直受到教师全景式的控制。教师随时监督和监控学生的行为，使学生一直处于被动地位，让学生失去很多参与课堂、表达心声的权利和自由。讲台成了教师一个人的舞台，学生没有参与课堂活动的机会。教师在这一舞台上出演"独角戏"。这样的教学即使教师精疲力竭，也会使学生厌倦不堪。教师很少去考虑学生的兴趣和他们的现有水平，只是忠诚于学科的逻辑，把教学活动看成单向的传道、授业、解惑，教师变成了知识的统治者。这种"独白式"的教育方式实际上就是知识专制——教师的任务就是把知识作为教育工作的主要对象，把自己拥有的知识全部传授给学生，知识成了教学活动的中心，而学生却处于教育的边缘。

## 三、英语改革下高校教师的角色要求

### （一）资源的提供者

在高校英语教学中，教师应扮演资源提供者的角色，这是毋庸置疑的，也是值得肯定的。教师有着广博的知识和丰富的经验，熟知语言的结构、词语的意义及用法等，能够给予学生多方面的支持和帮助。

此外，学生自己所掌握的知识和资源有限，需要教师提供做与学的学习资源。这里的学习资源不仅包括各类学习材料，还包括各种学习手段和条件，如网络多媒体、广播电视等，所以教师是学生获取信息的重要来源之一。

作为资源提供者，教师要为学生的学习提供大量的信息资源、便捷的学习工具和丰富的学习策略，同时要积极开发和利用英语教材及其他课程资源，从而增强教学的趣味性和灵活性，提高学生学习的积极性。

此外，教师还要帮助学生解决学习过程中遇到的有关学习资料的问题。首先，教师要鼓励学生自己努力解决问题，可以向学生提供相应的参考书和工具，帮助学生有效地选择和使用学习材料；其次，教师可指导学生合理利用图书馆、多媒体和互联网等资源，引导学生有效查找资源，独立解决问题。通过教师的帮助和引导，学生可以有效利用各种学习资源和途径，在丰富知识体系的同时能潜移默化地培养自身的自主学习能力。

### （二）引导者

在大学英语教学中，教师应扮演引导者的角色。教师要根据学生的具体情况制订具有可行性的学习方案，指引学生学习的方向。在具体的教学过程中，教师要引导学生向预期的学习目标努力，即给予学生各方面的引导，使学生受到启发，主动接近教学目标，从而逐步完成教学任务。具体来讲，教师的引导行为包含以下几个方面。

①根据学生的总体水平，选择适合的学习材料和学习策略，制订出学生的学习目标。

②充分了解并参考学生的个体差异、个性特点和接受能力，探讨他们应该能够达到的最佳学习效果，帮助他们制订切实可行的学习方案。

③指导学生合理有效地安排学习时间以及指导学生充分利用图书馆、互联网等资源。

④仔细观察并发现学生学习中存在的问题和困难,给予学生及时的支持和指导,并对学生在课堂内外的具体表现给出中肯的建议和评价。

⑤积极培养学生的良好学习习惯,培养学生的听说技能和交际能力,为学生制订长期和短期的学习计划。

⑥鼓励学生积极参与不同形式的课堂活动,激发学生学习的兴趣。

可以看出,教师作为引导者的主要目的在于引导和组织有意义的教学活动,监控学生的学习进程,并根据学生的学习反馈调整教学方法,引导学生寻找解决问题的途径,进而培养学生自主学习的意识和能力。

### (三)参与者

在传统的高校英语教学中,教师一直处于中心位置,占据着主体地位。教师大部分时间都在向学生传输教材内容,很少有机会参与教学活动,进而使学生的创造力和想象力的发展受到限制。

随着高校英语教学的改革与发展,现在的英语教师已经从知识传授者变为学生学习的参与者。教师与学生共同建构了教学这一体系,二者处于平等的地位,应该平等地参与教学。教师应成为与学生一同构建学习的参与者,与学生一起探求知识,当自己出现错误和过失时,要勇于承认。教师应制造平等、民主的教学氛围,与学生一起积极参与各种教学活动,同时不能占据学生的主角位置,应成为学生的观察者、倾听者和交流者。

当教师参与学生的活动时,教师就与学生达成了合作的关系,也扮演起了合作者的角色。在合作的过程中,学生能感觉到教师不再是教学的权威,而是合作中的一员,学生的紧张情绪就会消除,其学习的积极性会不断提高。因此,教师在参与课堂活动时,应抓住所有机会为学生创造轻松的语言实践活动,并积极参与其中。同时教师在参与过程中要注意对学生起到一种示范作用。因为在语言活动中,学生在运用语言时会不自觉地以教师为榜样,因此在教师的示范引导下,学生的语言运用能力会逐步提高。

### (四)协调者

在高校英语教学中,教师要作为一名协调者来协调语言学习过程中出现的人际关系和社会关系,弱化学生与学生之间、学生与学习之间的矛盾,营造一种积极、和谐的课堂气氛,从而促进学生的学习。具体而言,教师应做到以下几点。

①在教学过程中，教师常会组织不同形式的交流与互动活动，让学生参与其中。有交际互动，就会有不同的意见乃至矛盾出现，此时教师要公正地判断各方意见，给予合理有效的评价，以一种平等、亲切的方式正确对待学生与学生之间的摩擦，进而解决问题，实现教学目的。

②在课堂互动过程中，教师要不断鼓励学生，减少学生在互动交流中出现的消极和焦虑情绪，让学生在良好的氛围中轻松地学习知识。

③教师作为协调者，在某种程度上也是为学生提供解决问题和达到某种教学目标或目的的"工具"。当学生在分组讨论时，教师要仔细观察学生的讨论情况，并在学生遇到问题时给予必要的帮助，减少学生的挫败感。当学生遇到单词学习、听力理解等方面的困难时，教师要给予学生关于学习技巧等方面的指导与协调，在有限的课堂实践内协调好知识传授与学习策略传授的关系，引导学生摸索和总结出适合自己的学习策略和技巧。

### （五）研究者

高校英语教师除承担语言教学任务外，还承担着研究的任务。他们在掌握语言教学理论与性质规律的基础上，逐渐构建自己的教学理念，并运用这一理念去指导实践活动，以达到良好的教学效果。因此，大学英语教师在英语语言教学实践中，必须进行英语语言教学的理论研究，将教学研究与课堂教学实践相结合，从而实现从理论到实践再到理论的升华。

### （六）监控者和评价者

在多媒体教学环境下，学生学习具有一定的自主性和自由性，因此，对学生的管理不能是放任自流的。为了保证学生英语学习能取得良好的学习效果，教师必须随时对学生的整个学习过程加以监控。教师可通过布置课后作业、组织学生进行讨论等方式来进行监督和监控，还可通过学生所提交疑难问题的状况和作业发现学生在英语课程学习中的问题，及时调整自己的整个教学安排。教学评价是对教学全过程及教学结果的有效监控，在英语学习过程中，教学评价可以使学生不断认识自我、建立自信、体验进步和成功、及时调整学习策略，最终促进学生综合运用语言能力的全面发展。要成为一名合格的、优秀的英语学习评价者，教师在评价时要注意突出学生的主体地位，体现多元化视角，还要注意评价方式的多样化和灵活性，并注重各种评价手段的有机结合和合理使用。

## 四、高校英语教师角色转换的理论依据

### （一）知识观的转变

教师的角色转换问题是整个当代教育改革的核心问题，既是教育教学改革的重要内容，又是其重要条件。促使教师角色转换的原因是多方面的，其中，人类的知识状况是一个非常重要的因素。人们对知识的态度即知识观的不同，产生了不同的教育观、课程观、学习观等。人们怎样理解知识，就会有怎样的教育，包括教师在教育中的角色扮演。从某种程度上来讲，教师所从事的是一种知识性的事业，是以某种类型的知识为标志、为工具、为对象的。在教育改革中，教师需要进行新定位，并在新时期知识观的转变上寻求到哲学依据。

#### 1. 知识视角化

知识社会学的代表人物曼海姆（Mannheim）提出了知识的"视角"概念，它是"事先由历史和社会环境所准备好的思维模式与行为模式"，即个体认识者观察客体的方式。一个人处于不同的历史和社会情境，就会获得不同的视角。视角不同，那么这个人提出问题的方法、表达问题的水平及在观点陈述中希望达到的抽象或具体的水平也是不同的。所以，每个人、每个团体都有其对世界的解释，并努力使自己的理解被普遍接受。这正如后现代知识观所主张的，普通人不仅是知识的消费者，同时也是知识的传播者、解释者、生产者，任何人都有权利、有可能对任何知识进行质疑和反驳。而在传统知识观支配下的教学中，唯教师才有权利对课程知识进行解释，而教师在很大程度上只是根据某种既定的程序来说明，自己的观点、感情和立场很少展示出来。学生更是作为教学的配角，被剥夺了对知识质疑的权利。他所能做的只是接受、记忆、背诵和重现所谓有用的知识。

建立在视角化知识观之上的新课程强调，我们要把学生的个人知识、直接经验和生活世界看成重要的课程资源，尊重学生文化，发掘童心童趣的课程价值。学生应作为动态的力量，带着自己的知识经验、思考与灵感参与课堂活动，同教师一样拥有课程知识的解释权，并成为课堂教学不可分割的一部分。教师不能再充当知识的独裁者、专断者，而要允许学生质疑，允许学生从自己的视角和理解出发重新检验与再思考知识。这种对知识的批判意识能真正帮助学生适应知识爆炸时代对人才素质提出的要求。

## 2. 知识活物论

在以往的"认识过程"领域中，知识是固定、客观、绝对的，课程内容则是由那些已证明是永远正确的原则和观念组成的。师生之间仅是授受"客观知识"的关系，教师在教学过程中过分注重学生积累和获得的知识量，以便其在课堂回答和考试时照搬，这种静止的、冷藏库式的知识观有碍于教育的发展。它不仅不利于思维的发展，还扼杀了思维的能力。学生头脑里装满了各种各样与现实脱节的知识，这些没有经过批判选择的东西像处在呆板、静止的水平面上一样，影响了知识的利用。

其实，知识不是凝固不变的东西，它在社会自身的一切潮流中积极活动着。知识意味着探究过程，具有过程性和相对性。其实知识在本质上就是动态存在的"活物"，而不是静止不变留在那里供人们发现的东西，它需要不断地被经验修正。发现知识的过程是"我们创造的——互动地、对话地、会话地创造的——永远存在于我们的文化和语言之中"。正如哲学家怀特海（Whitehead）的评论所说，"知识好比鱼，必须每天抓到新鲜的鱼"。

适应新知识观的课程改革，关键是使学生真正成为学习的主人。课程应成为学生真实生动的生活世界，尊重个人的感受与体验。课程应是师生共同创造的一种开放性、思考性的课程，时刻准备着接纳新知识、新思考，能够鼓励学生发现问题、提出问题和解决问题，激发学生主动学习的热情。这种课程知识还要与学生的生活实践和经验联系起来，为学生在实践中应用所学知识提供时间和空间，使学生所学的知识真正"活"起来。

### （二）课程与教学的整合

课程与教学的整合研究是当今课程论、教学论发展的一个重要趋势。课程与教学是密切关联、不可分离的，教师在考虑怎样教的同时，必然要考虑教什么的问题。但长期以来受二元论的思维模式的影响，课程与教学被分割开来，成为互不关联的直线关系，表现为课程规定学校教育的实质、确定教学的内容程序，然后教学力求忠实地传递课程。这种脱节现象不利于实际的教学工作与理论研究。近年来，越来越多的学者、教育专家在试图开辟一条课程与教学一体化研究的新途径。这一研究强调如何实现课程向教学实践的转化并重视发挥教师在这一过程中的作用，以确定教师在组织教学过程中作为课程开发研制者与实施者的双重重要角色。相应的，在教育科学领域内，"教学中的课程""作为课程进程中的教学"等反映课程与教学一体化研究趋势的概念也被提了出来。

"教学中的课程"表明了课程与教学的有机联系，既突出了内容变量在教学中所起的重要作用，又注意到任何内容的掌握都发生在特定的课堂文化氛围之中，都要通过师生间一定的人际交往方式来完成。教师不能把"课程知识"的单纯输出作为任务的完结，要探索如何将这些课程内容更好地运用于教学情境，设计达到教学目标的具体途径，以加深学生对知识的理解，使学生形成对课程事件的合理解释能力。

课程与教学的整合还要求人们将教学理解为一种课程的实施过程，教学成为教师与学生为获得课程意义而共同建构自己的课程的过程。就这个意义而言，教师与作家相似，他们必须对自己在课堂中的"演出"进行构思，只是教师的"作品"是随写随读的。与此同时，学生作为"演出"的参与者也必须为课堂事件的创造做出贡献。在成功的教学情境中，课程与教学是彼此融合促进的。

课程与教学一体化对教师提出了很高的要求。教师不能再安于执行既定的课程知识即教学任务完成的现状，任何设想通过精确的指令、知识的单向传授、测验考试的评估去控制学生的企图，都是不符合新时期教学要求的，必然会导致教学的失败。让学生严格按照教师明确的指令进行活动，从而限制了学生的判断力和创造精神的发展，这正是教学中常见的错误。

真实的教学情境是具体的、动态生成的、不确定的，特别是学生所学习的问题是具体的、不确定的，是动态生成的，需要在教学过程中才能呈现出来。我们可以预测它，却很难做出即时的判断和处理。教学的起点应该是学生现实的学习状态，而非既定的文本，学生的困惑、疑问和需要应该成为教学的主要出发点，教师和学生作为教学过程的主要参与者、课程事件的创造和生成者，应形成一种相互对话的关系，共同建构知识和人生。

## 五、高校英语教师角色转换的途径探索

### （一）转变教学观念

首先，创造服务学生的认知、适合学生学习的课堂氛围，使学生拥有自主学习和交流合作的平台和空间，将以教师为中心的模式转变为以学生为中心的模式。这一观念的转变不仅是实施翻转课堂的基础，而且是教师由传授者变为指导者的必要条件。

其次，教师在向学生传授知识的同时，要帮助学生自我进步，要通过教学内容的传授使学生了解自身的优点，要重视学生的自主提升和自我发展，将学生的提升和发展当作教学的核心。

最后，转变对学生角色的认知。在课堂教学中，学生不仅是被动接受知识的客体，而且是有自主判断能力和独特个性的个体，这种认知的转变能有效帮助教师在教学中转换角色。

### （二）提升信息技术

首先，教师可了解微课的相关内容，并学习如何运用相关软件，即学习制作微视频；然后根据学生的认知规律，采用恰当的方式传授知识，帮助学生内化和吸收知识。

其次，教师可利用信息技术来掌握学生的课前准备情况，如视频学习的情况、通过信息技术讨论的情况等。

再次，教师可利用信息技术来充实教学内容和教学方法，如结合视频创作精良的多媒体课件，增加课堂的直观性和趣味性。

最后，教师可持续学习新的信息技术，提高信息能力，确保翻转课堂的顺利进行。

### （三）推进考核制度改革

高校要改变大学教师"重科研，轻教学"的现状，制定有利于教师"科研教学两不误"的考核制度。首先，要使教学享有和科研同等重要的地位，就必须降低科研在大学教师职称评定中的比例。其次，要提高教师自身对教育的认识。教师不能因为科研可以带来荣誉和利益，而忽视了教育培养人才的目的和本质。教师应该树立正确的价值观合理把握好科研与教学之间的关系。

### （四）树立终身学习的理念

首先，教师要充分了解和掌握自己专业的相关知识，在教学过程中将各种知识有机融合在一起，做到触类旁通。

其次，教师除了要把握所教授专业的知识，还要提高自身的人文知识素养。

最后，教师要具备注重学习和思考的习惯和态度，起到实际带头作用，为学生创造各种学习情境下应具备的条件，最终实现角色的转变。

## （五）建立平等对话的机制

翻转课堂模式需要学生在课前主动学习教学微视频并能通过网络进行交流，所以教师要有意识地激励学生自主学习，并与学生平等对话和交流，掌握学生的学习进度，帮助学生不断进步。教师在与学生交流的过程中，需要做到以下两点。

第一，与学生要平等对话。平等对话不仅仅是语言的交流，更是教师和学生相互理解、相互借鉴和共同进步的过程。

第二，平等对话需要做到真正意义的对等。这种对等是身份和口吻上的对等，教师应消除优越感，让学生在交流过程中不会感到受压迫和自卑，应理解学生的认识、言论，并采用合适的交流方式进行对话。

## （六）提高英语教学反思能力

第一，教师要不断进行教学反思。任何教学都要求教师进行反思，教师应该不断对自己的教学方式方法、自身的专业素养、人格力量等方面进行不断的反思。在进行教学反思的过程中，教师可以发现自己教学方法的优势与不足，分析自身上课的优缺点，从而不断提高自己的教学水平。一旦教师教学水平有所提高，将会激发教师的教学热情以及教师无限的创造潜能，这将有利于知识的传授和课堂教学技能的提高，对养成教师较高的专业素质非常有帮助。以高标准进行反思性教学的教师将逐渐形成敏锐的专业判断力，使英语教师更加专业化，这就要求教师要克服一次性学习的观念，树立终身学习的意识，使每一堂课的教学都成为自我反思和提高的机会。教师要不断追求自我发展，树立终身学习的目标。大学英语教师应该尽量把每一堂课都当作提高自己教学水平、提高自己专业素养的机会。不管教学过程有多么完美，都还有改进和改革的空间，反思可以促进更好地提高教学效果和教学质量。

第二，教师要不断对自己的教学经验进行分析。大学英语教师要不断对自己成功或失败的教学经验进行反思，还要不断思考实际教学方式和学生学习方法之间的关系，把自己的教学活动和学生的心理需求紧密联系起来，切勿照本宣科，要以一种积极主动、开放的心态对待创新。在英语教学过程中，教师要把不断激发课堂活力、提高与发展自身的专业素养当作自己的教学动力和责任，不断地挑战自己和发展自己，从而养成终身的自我评估习惯。教师应该对当前语言教学的知识深度进行挖掘，开拓学生知识内容的广度，推动教师和学生认知的发展。大学英语教学不是一成不变的领域，而是随着知识的更新不断向前发展的，因此英语教师应该不断进行教学实践研究，了解和掌握本学科前沿资讯，精于本学科的专业知识，不断创新，通过各种各样的方式主动研究自己的专业教学，追求、探索自己不熟悉的领域，自觉养成终身研究的习惯。

第三，教师要对自身的教学水平和教学质量进行不断的分析和评价，以此推动学生学习，达到理想教学效果。教师要经常和同事交流沟通，参加集体备课和研讨课，从他人的教学经验中取长补短，以提高自己的专业素养和教学水平。另外，教师还可以与其他学科的教师相互交流和相互学习，寻求教学方式和教学方法的共鸣，以学习者身份提高自己、发展自己。

大学英语教育是培养公民素质的重要过程，它既要满足学生心智与情感态度的发展需求以及大学毕业生就业与未来生存发展的需要，同时还要满足国家的经济建设与科技发展对人才培养的要求。而长期以来，我国大学英语教学很大程度上是为了应付全国大学英语四、六级考试，因此，我们的英语教学工作带有明显的功利主义色彩，而忽略了它的人文性目的，忽略了语言在对学生进行素质教育方面的重要作用。

## 第二节 高校英语教师的素质

### 一、高校英语教师素质的定义和内涵

在网络时代里，英语教育原有的知识观、学生观、教学目标、教学内容、教学组织形式、教学手段等都发生了巨大变化，教师将通过教学思想、方法、和实践对教育革新做出贡献。

#### （一）教师素质的定义

在心理学上，素质是指人与生俱来的感知器官、神经系统，特别是大脑结构上和技能上的某些特点，并被认为是人的心理活动赖以发生、发展和形成的物质基础或自然前提。教师素质是完成教学任务、培养学生所必须具有的身心相对稳定的基本品质。北京师范大学心理学教授林崇德将理论研究与实证研究相结合，将教师素质定义为"教师在教育教学活动中表现出来的，决定其教育教学效果，对学生身心发展有直接而显著影响的心理品质的总和"。本书阐述的主要是教师

的从业素质，即教师职业素质是指"从事教师职业的人，为了适应和满足教师职业的要求而必须具有的基本品质和能力"，或是指"教师履行职责、完成教育教学任务所必备的各种素养及其应用能力的总和。其中包括教师的政治思想道德素质、文化科学素质、教育理论和教育思想素质、教育教学能力素质、教育科研能力素质、身心素质等"。其本质是指教师自身的素质，即教师身心发展的总水平。

## （二）高校英语教师素质的内涵

根据林崇德教授的"三层次五成分"教师素质观，结合英语教学特点，高校英语教师素质的内涵主要涉及职业理想、知识水平、教育观念、教学监控能力以及教学行为与策略几个方面。

### 1. 职业理想

教师的职业理想体现了教师从事教育教学工作的动机和兴趣，是其献身于教育工作的根本动力。在英语教学活动中，高校英语教师的职业理想具体表现为教师的事业心、职业责任感和工作积极性。崇高的职业理想包括强烈的事业心、责任感和工作积极性，是开展英语教学活动的有利因素。

### 2. 知识水平

教师的知识水平是教师从事教育工作的前提条件。高校英语教师的知识可以分为三种类型，即本体性知识、条件性知识和实践性知识。

本体性知识是指教师所具有的特定的学科知识，在这里我们所指的是高校英语教师的英语知识。教育学和心理学知识被称为教师成功地进行教育教学的条件性知识。实践性知识是指教师在进行有目的的行为中所具有的课堂情境知识以及与之相关的知识，这里所指的是高校英语教师利用网络进行英语教学的相关知识。本体性知识是教学活动的实体部分；条件性知识是解决教学问题的原则，对本体性知识的传授起到理论支撑的作用；实践性知识则是解决教学问题的方式和方法，对本体性知识的传授起到实践指导的作用。

### 3. 教育观念

教师的教育观念是教师在教育教学中所形成的对相关教育现象，特别是对自己的教学能力和所教学生主体性的认识，是其从事教育工作的心理背景。它包括教育观、知识观、课程观、学习观、教学观、学生观、师生观。英语教学中的教育观念与传统教学有很大不同。

### 4. 教学监控能力

教师的教学监控能力是指教师为了保证教学的成功、达到预期的教学目标，在教学的全过程中将教学活动本身作为意识的对象，不断地对其进行积极主动的计划、检查、评价、反馈、控制和调节的能力。这里所说的教学监控能力，是指高校英语教师运用网络对学生的英语学习进行课前教学设计、课间管理与指导、课后信息反馈等教学全过程的监控能力。教学监控能力是教师从内部对其认知活动的控制和调节，是教师的反省思维或思维的批判性在其教育教学活动中的具体体现。

### 5. 教学行为与策略

教师的教学行为与策略是指教师为达到教学目标，根据教学对象的特点因材施教地运用各种教学方式、方法的能力。高校英语教师的教学行为与策略是指高校英语教师根据学生的英语水平差异与学习风格不同的特点，制作将自己的教学风格融入其中的教学课件，并运用多媒体技术呈现的既体现自己教育思想又让学生易于接受的教学方式和方法。

"三层次五成分"的教师素质观认为，教师的职业理想、知识水平和教育观念是教师素质的深层结构；而教师的教学行为与策略则是其素质的外化形式，即表层结构。深层结构通过教学监控能力这一中介转化为外在的行为表现。因此，高校英语教师教学监控能力在整个教师素质结构中处于十分重要的地位。

## 二、高校英语教师的素质要求

### （一）语言素质

语言素质是英语教师应具备的基本素质，也是英语教师英语语言综合水平的体现。英语教师的语言素质具体包括两个方面，即扎实的语言专业知识和较高的语言技能。也就是说，教师不仅要具备系统的英语语音、语法知识，较大的词汇量，而且要具备良好的听、说、读、写、译能力。教师的语言素质是教师开展英语教学的基本保障。只有语言素质过硬，教师才能顺利有效地开展英语教学。具体而言，教师的语言素质包含以下几个方面。

#### 1. 扎实的专业知识与较高的技能

英语教师首先应具备扎实的专业知识与技能。下面主要通过听、说、读、写、译五个方面分别展开具体的论述。

①听力方面。英语教师应该能听懂以英语为母语的人们的生活对话，听懂英语节目。

②口语方面。英语教师的语音语调要准确，口语要流利，能轻松用英语组织教学。

③阅读方面。英语教师能阅读英语原版小说，掌握阅读理论和技巧。

④写作方面。英语教师熟悉英语应用文的写作，并能完成英语论文的写作。

⑤翻译方面。英语教师能准确、忠实地翻译简单的英语文章，能口译英语母语者的简单讲话。

此外，英语教师作为课堂的呈现者，应该充分了解英语所承载的文化，特别是英语语言所呈现的价值取向、思维方式等文化内涵，并在英语教学中适当地呈现。

**2. 全面的语言教学能力**

英语教学要求教师具备全面的语言教学能力，具体包括组织能力和实施能力。要具备这些能力，英语教师需要做到以下几点。

①能够把握教学大纲和教材的主旨。

②掌握心理学、教育学和教学法等方面的知识，熟悉教学组织的步骤和基本的教学原则。

③选择运用适当的教学参考书。

④根据教学理论的指导和大纲的要求，设计出符合学生特点的教学活动。

⑤课堂讲授科学准确、简洁易懂、逻辑严密；适当运用非语言表达手段，如手势、动作和表情等辅助教学。

⑥善于调控课堂教学气氛，处理教学中的突发事件。

⑦具有决策能力和信息管理能力。

⑧能运用各种教学辅助工具和手段进行教学，善于使用多媒体技术、网络技术进行教学。

## （二）教学素质

教学素质是英语教师必须具备的素质，它是英语课堂教学有效进行的有力保障。具体而言，英语教师应具备以下教学素质。

## 1. 科学的教学理论

（1）现代语言学理论

教师是语言知识的传授者，因此必须掌握系统的现代语言学理论知识，这样才能使教学效果更佳。具体而言，英语教师不仅要了解语言的本质、交流能力的本质以及语言理论的发展趋势，而且要有意识地利用这方面的理论知识来指导英语教学。英语教师虽然不一定成为研究语音、词汇、语义、语用等方面的专家，但应熟悉最新的语言学理论知识，并在教学实践中恰当地运用，这样才能显著提高英语教学的效果。

（2）教育学和心理学理论

教师仅仅掌握语言学理论知识还不足以进行有效的教学，还应具备教育学和心理学的理论知识，这样在教学中才不会忽视学生的主体地位。语言教学属于普通教育的范围，所以教师研究和掌握教学的一般规律、教学的基本原则、教学组织的步骤等教育学知识，有助于教师提高英语教学的组织能力和实施能力。此外，学生是英语教学的主要对象，教师必须充分了解学生的心理特点，因此教师有必要掌握相关的心理学知识，这样可以把握学生学习过程中的心理特征，分析学生在英语学习过程中的心理变化及规律，进而根据学生的具体情况调整和开展教学。

## 2. 创造性的教学思维

在思维领域中，创造性思维是最高级的形式，是最有价值的思维形式。所谓创造性思维，是指运用新方式、新技术来解决问题、处理问题。创造性思维具有四个基本特征。

①独特性。能够打破常规，从独特的角度来发现与解决问题。

②多向性。包含发散性思维与聚合性思维。

③综合性。通过综合和分析归纳，抓住事物的主要矛盾和矛盾的主要方面。

④发展性。对事物的发展应该具有预见性，进而推测事物发展的趋势。

在新的社会环境下，英语教师应该充分利用各种教学资源进行教育创新和教育科研。独特性思维要求教师应该对中英文信息资源有足够的掌握，从而设计出个性化的教学模式和方法。多向性思维要求教师具备对教学资源进行归纳的能力，从而优化自己的教学效果。综合性思维要求教师将英语学科与科学技术进行整合，将科学技术最大化地运用到英语教学中。发展性思维要求教师的眼光应该具有前瞻性，跟着技术发展预测教学的发展前景。

### 3. 有效的信息传递

学生大多通过课堂上的 50 分钟时间来学习英语知识。要在这几十分钟内将语言知识有效地传递给学生，教师就要具备较高的信息传递素质。

（1）拥有较强的授课能力

教师的授课能力主要包括两种：一种是一般能力，另一种是特殊能力。一般能力是指教师在教学过程中的认知能力，如观察和分析学生性格特征的能力、掌控学生学习状况的能力、预测学生学习发展状况的思维能力等。特殊能力是指教师开展教学的专业能力，包括组织和管理教学的能力、准确把握教材的能力、有效使用教学方法的能力、简明易懂的语言表达能力等。由此可见，教师授课能力的高低直接影响着课堂教学的效果。

（2）创造教学情境

学习英语最终是为了运用英语，因此教师不仅要传授基本知识，还要为学生创造教学情境，让学生有效地运用知识，所以创造教学情境就成了教师传递信息素质的重要内容。具体而言，教师可以借助具体、生动的场景来激发学生参与的积极性。通过情境教学，学生可以借助真实的场景、环境气氛和活动内容等感知、理解、深化和掌握学习内容。

在创设教学情境之前，教师要先仔细、认真地备课，以确定哪一部分情境效果最佳；在开展教学情境时，教师可自然、巧妙地引导学生进入情境，让学生在参与教学情境的过程中理解和掌握所学知识。

### 4. 丰富的教学方法

教学方法是教师为完成教学任务所采取的详细、具体的手段和途径，是教学策略的具体化。教学方法是教学中物质的东西，具有可操作性。它的选择和应用合适与否，直接影响教学效果，也制约着教学质量，更左右着人才培养质量。

英语教师不仅应该掌握必要的电脑技术，如建立、修改、合并、删除文档等，还要对各种文字、声音、图像、动画文件的不同格式有比较清楚的了解，并基本掌握它们之间的格式转化方式，以及在什么硬件环境的支持下运行，从而将这些技能运用到实际的教学工作中去。通过网络进行教学，班级授课制可以和个别教学、小组教学、自学等形式灵活地结合起来。教师可以随时了解各种教学组织形式下的每个学生的学习情况，学生可以尽其所能，确定自己最佳的学习进度。网络促使了教学组织形式发生改变，有效地提高了教与学的质量。网络时代要求每位英语教师都会使用现代教学技术。

在广泛借鉴国内外先进的现代教学方法并结合我国学生的特点的前提下，教育者摸索出了一系列适合网络英语教学的方法，如"合作教学法""暗示教学法""启发式教学法""案例教学法"和"实证教学法"等。它们的运用，定当对我国高校英语教学起到巨大的推动作用。

### （三）文化素质

现在，文化因素对英语教学以及学生英语学习的影响越来越显著，中外文化差异常给学生的学习带来障碍，因此英语教师除了具备基本的语言素质之外，还应具备一定的文化素质，也就是英语教师应对英语国家的文化背景知识有所掌握，对中外文化差异有所了解。现代社会是一个多元文化融合的社会，教师只有具备一定的文化素养，才能满足社会、教学以及学生的需求。文化知识包含两类，分别是普通文化和正式文化。普通文化指的是风俗习惯、社会习俗等方面的文化知识；正式文化则是指科技、历史、文学、音乐、美术、建筑等领域的文化。在英语教学中，众多英语教学工作者都基本达成一个共识，即英语教学不仅要培养学生的听、说、读、写、译能力，还要传授学生文化知识，培养学生的跨文化交际能力。具体来讲，英语教师应具备的文化素质包含以下几个方面。

①对中外文化有充分的认识和了解，清楚中外文化在思维模式、价值观念、交际规范等方面的差异。

②能够以开放的眼光看待异质文化，并能够吸纳异质文化中优秀的部分。

③能有效预测英语文化下的交际行为，避免交际中的文化冲突，指导学生顺利进行跨文化交际。

④要具有文化批判思维，能够辩证地看待母语文化和英语文化。

需要注意的是，教师在向学生导入文化知识时要让所导入的文化与英语教育有关，主要目的是消除影响学生理解和使用英语的文化障碍。国内很多专家和学者认为，影响语言理解和使用的文化因素往往隐含在词汇、语法和语用中，因此教师在向学生导入文化内容时要以有关课文内容的文化背景和有关词汇的文化因素的导入为主。

此外，在实际的英语教学过程中，教师还需要处理好以下四个方面的关系。

①语言教学与文化教学。近年来，语言的文化内涵被越来越多的人所重视，而且人们也日益认识到教师在英语教学中对学生文化素质培养的重要性，所以现在对英语教学中的语言教学与文化教学的关系的研究和讨论也越来越多。针对这

## 第五章 高校英语教师素质的改革

一问题的讨论主要有三种观点：文化教学从属于语言教学；文化教学与语言教学同时进行；文化教学融入语言教学。虽然这三种观点的侧重点不同，但有一点是共通的，即英语教学中必须要有文化内涵的学习。

语言的结构规律是通过语言交际实践总结出来的，而语言的交际行为则是在社会文化活动中完成的。如果不能掌握语言的结构规律，那么交际就不能正确地进行；如果没有文化内容，那么有意义的交际也就无法完成。依据这一观点以及学生的学习情况，在英语教学中，教师应重视文化因素的教学，将语言教学与文化教学有机结合起来，让文化教学为语言教学服务，但不能取代语言教学。所以英语教学必须在基础语言教学中融入文化教学，教师要在教授学生词汇、语法以及阅读、听力、口语、写作知识与能力的同时引入文化因素的教学。在进行文化教学时，教师要遵循实践性和交际性的原则，同时要具有针对性和系统性，不可盲目地引入文化知识，不然就会达不到文化教学促进语言教学的目的。总而言之，教师要充分重视英语教学中学习内部规律和学生实际水平，做到教学目标明确、重点突出。

②文化共性与文化差异。人类语言所反映的都是同一个客观世界，因此人类文化有其共性，同样，作为文化一部分的不同语言之间也有其共性。也正是这种共性，使得人们可以进行有目的的交流，使得不同的文化信息得以等值传递。例如，汉语中"他是一只狐狸"，译为英语"He is a fox"是很贴切的，因为英汉文化中均把狐狸同"狡猾"相联系。所以在教学中，教师要充分利用母语的优势，让学生把握英汉两种文化与语言中的共性，从而充分发挥文化因素的作用，进而使文化教学服务于语言教学。需要注意的是，对客观世界的陈述，每种语言都各有千秋，而语言的生命力就在于它具有无法为另一种语言所代替的异质性。语言的民族文化通过语言的异质性得以充分体现，虽然不同的文化中其共性占据了一大部分，但其共性并不能代表异性，而且阻碍交际顺利进行的正是分属不同文化和语言中的差异之处，因此教师在英语教学中要向学生讲解英汉文化之间的差异，并逐步培养学生对英汉文化差异的意识。

③母语文化与文化教学。虽然我们强调在英语教学中融入文化教学，促使学生了解和掌握一定的英语国家文化知识，但教师应注意一点：不能误导学生不加考虑地全部接受英语国家文化，盲目地模仿崇拜英语国家文化而抛弃中国传统的文化。中国文化与英语国家文化只是在一些方面存在差异，但两者之间并没有绝对优劣之分，所以教师在教授英语国家文化的同时要提醒并引导学生注意本国文

化，同时加强母语文化的学习；在教授英语国家文化的基础上同时增加含有中国文化的语言材料，做到英语国家文化与母语文化的有机结合。所选择的具有中国背景的语言材料，可以是中国人写的英语文章，也可以是英语国家人对中国友好的评论文章，以使文化教学呈现出多样性。这样才能使学生深入地了解英语和汉语两种不同语言所承载的差异文化，从而使学生真正地学好语言。

④课堂教学与课外自学。从教学实践角度来看，学生在课堂学习的时间是有限的。在这有限的时间里，学生要同时学习语言和文化知识，能掌握的语言和文化内容必定是有限的。并且英语国家文化本身也是复杂且广泛的，仅仅依靠教师和课堂来完成文化教学是很难的。这就需要学生借助课外时间的自学来提高文化认识。课外时间是丰富的，教师可以利用课外时间组织学生开展多种形式的活动来增加学生的知识，培养学生的文化意识，如教师可以鼓励学生在课外有目的地阅读一些英文报纸、杂志，或上网浏览查询有关英语国家文化知识，从而使学生积累英语国家的文化知识，进而实现课堂教学与课外自学的结合，为学生将来进行真实的跨文化交际奠定基础。

## （四）心理素质

### 1. 情感方面

在心理学中，情感是人对客观事物是否满足自己的需要而产生的态度体验，表现为喜、怒、哀、乐等。在教育教学过程中，教师心理品质对学生心灵的影响是巨大的，是任何其他教育手段或方式无法替代的。它不仅表现为一种教育和教学工作的成败，而且作为一种巨大的教育力量潜移默化地影响着学生的人格。换言之，教师在情感教育中起着无可替代的作用，其一言一行、一举一动都深深地影响着学生。

因此，在英语教学中，教师不仅要有渊博的知识、熟练地操作多媒体课件的技能，还要有大爱无疆、对学生无限热爱的情感。这主要表现为热爱自己的岗位——英语教学，对教学工作有高度的责任心和事业心，要甘于坐冷板凳，守得住长期寂寞；要爱自己的学生，对学生能够一视同仁，平易近人，热情友好，谦虚和蔼，不仅要在学习上传授学生知识和必备技能，还要在实际生活中关心、体贴每个学生；不仅要说到，更要体现在自己的行动中，给学生树立良好的示范作用，从而真正做学生的良师益友。

## 2. 性格方面

教师的性格对学生的学习有着显著影响。通常性格外向活泼、对教学充满激情的教师能使课堂充满活力和向上的张力，在这样的氛围下，学生的学习热情也会十分高涨，学习效果自然会很好。但性格内向保守的教师则很难调动课堂氛围，也不能有效激发学生的学习动力，因而学生的学习效果可能不佳。

可见，英语教师应具有外向的性格，幽默风趣，能够有效地调动学习气氛，与此同时，教师也应具有沉着冷静、有序组织教学的能力，这样才能使学生在轻松活泼的环境中井然有序地进行学习。

## 3. 意志方面

在心理学中，意志是人自觉地确定目的，并支配行动，克服困难，实现目的的心理过程，即人的思维过程见之于行动的心理过程。所以，意志是推动一个人积极主动地进行学习和工作的强大动力。面对挫折，如果一个人仍然能铭记自己的目标，不轻易地改变或放弃既定的计划和决定，坚韧不拔，持之以恒，抑制消极情绪，克服内外障碍和暂时面临的困难，他就能够取得巨大的成功。"天将降大任于斯人也，必先苦其心志，劳其筋骨，饿其体肤，空乏其身，行拂乱其行为，所以动心忍性，增益其所不能"。这句话的意思是说，一个人要想成就一番大事业，必须先经历各种各样的磨难。教师就是要在各种各样的困难或诱惑面前培养自己坚强的意志，即意志的自觉性、坚持性和自制性。英语教师的工作是艰苦的、长期的，这就需要教师必须要有明确的奋斗目标，也要有长远的和阶段性的目标以及为实现这些目标的恒心和耐心。恒心就是教师一贯的坚持，即无论是教学工作、业务学习还是科学研究都要持之以恒，善始善终；耐心就是能够支配自我和节制自我，为达到既定目标抵御各种诱惑，克服一切困难。所以，只有那些在英语教学中善于控制自己的不良情绪、约束自己的言行、踏踏实实、不断努力的人，才能在自己工作的领域做出非凡的成绩。当然，教师的这一行为，学生会看在眼里记在心上，并以自己的教师为榜样来锻炼自己的意志。反之，那些意志薄弱、没有既定目标的教师终将一事无成。

## （五）人格素质

人格素质是教师素质的综合体现。教师是一个神圣的职业，从事教书育人的工作。这种特殊的职业性质和专业性质要求教师应该具有高尚的道德品行，令人愉快的性格，宽容、谦逊、好学的品质，正确的自我意识，良好的心理素质，幽默的语言表达，和谐的人际交往，端庄的仪表风度，崇高的审美素质，积极耐心的工作态度以及丰富的知识经验等。这些方面并不是孤立的，而是相互联系、相互影响的。教师的人格素质是保证教师教学质量的重要准则。一个人格不健全的人是无法成为一名合格教师的。在基于跨文化理论的英语教学中，教师的人格素养显得更加重要。因为跨文化交际是一门培养能力素质的学科，与传统的语言知识教学有着很大的差异性。教师在教学过程中，不但是对相对固定的语言知识的教学，而且更多的是要使学生明白如何得体地交际。而教师的人格素养在很大程度上能够影响其交际的方式和手段，因而注重对教师人格素养方面的提升十分必要。具体来说，完善的人格包括以下几个方面。

1. 思想观念

观念是学习活动的先导，是学习文化、自身经验和他人影响的产物。随着英语改革的不断推进，教师的思想观念也随之发生变化。除了具备高尚的品德及优秀的专业知识之外，教师还应该尽快融入教学方式的改革中，用高效的教学手段对自身角色进行重新审视和定位，以便在改革的实施中更好地发挥自己的职能。

另外，在英语教学中，教师应该因材施教，将理论与实践相结合。改革从更高层次上对教师提出了要求，教师应该勇于面对新的挑战，以全新的模式把知识传授给学生。

2. 价值取向

教师自身的价值取向是学校建设高素质队伍的必然要求。价值取向是一个哲学的概念，是主体从自己的价值观出发，正视并解决矛盾、冲突或者关系时坚持的基本立场和态度。价值取向的涵盖面很广泛，但是对教师而言，一个教师的价值取向主要表现在人格素养上，包括个人的认知、丰富的语言知识、良好的心理素质、和谐的人际关系、端正的仪表以及积极的工作态度等。在英语教学中，英语教师不仅应该以宽容、谦逊的态度引导学生，还应该以高尚的道德品行感染学生。

3. 动机态度

从事教育工作，教师既要有职业素质，也要有道德素养。道德素养是一种态度，也是教师从事教学工作的动力。英语教师的态度包括对工作的态度、对学生的态度以及对生活的态度。在工作中，教师应任劳任怨，将自己的所学、所用传授给学生,起到帮助和引导的作用。对于学生来说,教师要对其给予关爱和尊重。对待生活,教师应该充满热情,充满活力。教师只有处理好教学关系、师生关系以及个人问题,才能实现自己的人生价值。

## 第三节 高校英语教师专业素质的发展

### 一、更新教学观念

英语教师的教学观念与英语教学有着密切的关系,因为英语教学观念直接影响着英语教师教学思想的形成和选择。

#### (一)建立新型的师生关系

所谓新型师生关系,就是师生之间要相互尊重、平等相待。随着时代的发展及英语教学改革的不断深入,传统的师生关系基本上是教育者与受教育者的关系或者是领导者与被领导者的关系,而今天这种关系已经无法适应新时期的英语教学。新型的师生关系更强调平等。具体来说,在今天的英语教学中,师生均要有主人翁的地位和意识,平等相处。学生既是"教育的主体",更是权利的主体,教师不仅要使学生学到更多的知识,还要充分挖掘学生的潜在能力,以培养学生的能力为己任。

#### (二)坚持以学生为中心

如今的英语教师应树立以培养学生的能力为目标,以学生为中心的教育观念,尽量避免使用传统的"翻译式""灌输式"的教学方式,运用新型的"启发式""诱导式""研究式"的教学手段。教师要为学生提供更多的使用语言的机会,鼓励他们发散思维、创新思维,进而超越具体的结构和功能,创造并丰富英语语言的内涵。英语教师还要指导学生成为语言学习的主体,不断启发和引导学生用英语进行交流、思维。

在设计英语教学时,教师既要考虑教学目标又要考虑学生的兴趣,且应为学生提供参与教学设计的空间和机会,使学生的英语学习变被动为主动,形成以学生为中心的民主性的学习局面。在整个教学活动中,教师要做好顾问的角色。教学课堂应该是教师"带着学生走向知识",而不是"带着知识走向学生"。这样,学生的学习才会更加有趣，才能为学生的创造性思维提供机会。教师不要始终扮演"裁判"的角色，而要试着做活动的组织者、合作者和调控者。

### （三）由"应试教育"变为"应用教育"

自从加入世界贸易组织以后，我国与其他国家的经济合作与贸易往来越来越多，这就使高校英语教学培养出来的"应试型"人才与当前社会急需的人才不符。因此，为了适应我国经济发展的需求，高校英语教学应将"应试教育"模式转变为"应用教育"模式。英语教师要用开放的思维和眼光看待并迎接教学变革，树立科学的教学思想，摒弃传统的以考试为目的的教学模式。教师要注重向学生灌输国际竞争意识，培养学生参与国际竞争的能力；注重培养学生的自主创新精神，培养全面发展、自主创新的综合型人才；重视学生的非语言思维和形象思维，培养学生的发散思维和非逻辑思维。同时，人才的培养还应立足于全球市场，英语教师在树立创新的教学观念过程中，要更新传统的教学模式，重新调整知识结构，把英语教学的重点放到培养学生英语语言运用能力上。

## 二、更新教学方法

### （一）营造良好的课堂氛围

教师除了可以用短剧表演、分组讨论等活动为学生提供说英语的机会外，还应该定期为学生创设一些课外活动，使英语教学从课堂走向室外、走向校园、走向社会，进而形成一种浓厚的、范围广大的、参与者多样化的英语氛围。教师可以鼓励学生在课下充分利用网络或图书等媒介进行学习，使学生养成独立学习知识、分析问题、解决问题的习惯。

### （二）合理利用多媒体技术

传统的"一支粉笔＋一本书＋一本教案"的英语教学模式远远满足不了现今英语教学的需求。教师应该充分利用录音机、投影仪、电脑、语音实验室等现代化电教设备，编制计算机辅助教学课件，创造出图文并茂、生动、真实的教学环境，创造出超越时空的课堂。教师可参与网上课程讨论区的讨论、辅导、答疑甚至批阅作业等活动。多媒体教学有利于培养学生主动获取知识和运用知识的能力，激发学生的学习兴趣。

## 三、增强科研意识

各高校应将英语教材的编写、选择过程视为一个研究高校英语教学法的过程，让广大英语教师从中可以学习和领会各种教材编写过程中所包含的现代语言学研究成果、教学理念、教学指导原则和实现这些理念、原则的教学方法。高校应积极建立计算机辅助语言教学及多媒体技术制作中心，为教师制作多媒体电子课件提供条件。另外，高校还可要求各英语教师无论选择何种教材，必须制作出相应的电子辅助教学课件；并定期组织开展电子课件制作经验交流和教学法研究活动。

首先，高校应走科研兴校之路。一是激励英语教师进行教学研究，提出有价值的研究课题，并在教学中加以解决，以推广和改进教育教学工作；二是经常组织英语教研活动，广泛开展公开课、优质课、观摩教学等活动，使英语教师彼此之间取长补短，共同探讨和进步；三是选拔培养英语学科带头人，一个学校英语教学水平高低及科研能力强弱的决定因素是这个学校有没有一支骨干教师队伍及一批学科带头人。英语学科带头人的选拔应遵循平等竞争、择优选拔的原则。对学科带头人，高校应给予相应的特殊津贴，让其享受相应的政治待遇，在晋升职称、进修、参加学术会议等方面给予优惠政策。

其次，高校应培育高校英语教师的科研意识，使各英语教师争做"教育家"而不甘心为"教书匠"。目前，许多高校为了提高英语教师的科研意识采取了许多措施。除了在职称评定方面对科研有具体的质和量方面的要求外，这些高校还出台了力度很大的奖励措施。但外因必须通过内因起作用，这就要求英语教师自己必须把科研作为教学工作的一个有机部分，充分意识到科研对提高自身素质和教学水平的重要性。教师有了强烈的科研意识，然后再掌握一些可行的研究方法，才有可能最终取得成功。

再次，高校应为英语教师科研提供必要的物质条件。因为科研工作是一个长期的过程，需要扎实的基础。各院校应积极办好英语专业的图书馆，为教师的科研提供丰富的英语方面的文献书籍、学术性刊物，并且运用互联网办好电子图书馆和设置好资料库，以方便英语教师运用有限的时间进行学术积累，加强其自身的理论素养。

最后，各阶层应为英语教师的科研实践提供一定的软条件。从目前来看，英语界的学术研究一般可以分为三种情况：一是直接把国外最新的学术动态和理论介绍过来，即以综述和书评的形式出现。二是运用对比研究法。汉语和英语对比研究不是为了比较而比较，而是通过比较发现汉语的特点，或是通过对比来对国外的一些旨在解释语言普遍现象的理论进行批评和修正。三是可以通过统计分析或形式化的方法来进行。各种科研的实践都需要花费大量的物力和财力，这就要求各高校应充分重视英语教学，为英语教师搞好科研给予大力支持和扶助，如减轻英语教师的教学任务、提供必要的科研经费、积极培养科研带头人、营造科研气氛等。

## 四、完善教师激励机制

### （一）常用激励措施

根据积极性的运动规律，调动人们的积极性的基本途径是：激发和满足正当、合理的需求；提高人们的思想觉悟；创造一个良好的富有激励性的环境。以下为实践中常用的手段和方法。

①奖励。包括物质和精神奖励。物质奖励是最古老和传统的激励方式之一，也是现代社会中最常用的激励方式之一，主要是增加工资或奖金。精神奖励主要通过各种形式的表扬，给予一定的荣誉来调动人的积极性。

②思想工作。思想工作主要是通过宣传教育、举行座谈会、个别交流思想等方式，来激发教师的事业心、责任感。

③适当的工作安排。适当的工作安排包括职位的提升、权限和工作范围的扩大等，不仅是人力资源管理的重要工具，也是一种有效的激励方式。

④培训。给个人提供各种学习、锻炼的机会是一种有效的激励方式。

⑤民主管理。民主管理主要表现在教师参与学校的管理决策工作，以及有关管理工作的研究和讨论。

### （二）构建综合激励机制

激励机制是指在组织系统中，激励主体系统运用多种激励手段并使之规范化和相对固定化，进而与激励客体相互作用、相互制约的结构、方式、关系及演变规律的总和。新环境下教师激励机制的定位必须符合大学英语教学改革对教师提出的新要求。根据俞文钊教授的精神与物质同步激励理论"激励力量＝$\sum f$（物质激励·精神激励）"，即只有物质与精神都处于高值时才会产生最大的激励力量。可见，单纯的物质激励或是精神激励都不能取得理想的效果。只有将物质激励与精神激励有机结合,使两者达到最优化才是有效途径。具体可以从以下三个方面来操作。

**1. 满足教师的合理需求**

目前,影响教师工作积极性、主动性、创造性的主要因素包括领导行为、个人发展、工作环境、工作性质、人际关系和报酬福利等。在充分了解教师需求的基础上,要先分清合理的和不合理的需求、主要的和次要的需求,分清哪些是现在可以满足的,哪些是今后努力才能做到的,然后结合学校的发展,逐步有针对性地满足教师的合理需求。

首先,教师希望在他们信赖的领导手下工作。可信赖的领导能借助大学英语教育改革这一机遇,倡导积极主动的英语学习氛围和校园文化;能以公正廉洁的形象参与教学管理,贯彻以人为本的管理思想;能经常与教师沟通,对教师的成绩给予表扬。在这样的激励机制下,教师会在教学和科研中得到心理的满足和价值的体现。

其次,大学英语教育改革提出的新教学模式要求英语教师迅速改变观念并掌握现代教育技术。部分高校的青年教师希望能灵活安排工作时间和地点,以争取更多时间去提高自身的综合素质。针对这种情况,学校在建立激励机制时要创造条件,为教师培训、进修提供经济支持,保障科研基金;同时提供更多参观访问和出国交流的机会,使广大教师尽快了解新的教学思想和新的教学模式。当然,再好的技术都不能取代教师的作用,只有发挥教师的主观能动性,改革才可以最终取得成功。

再次,教师希望有愉快、民主的工作环境。例如,便携先进的教学设备、宽敞干净的就餐和活动空间、方便舒适的市内及校际班车等。学校在财力允许的情况下应尽力满足教师的需求,为教师进行教学和科研免除后顾之忧。新的教学模式要求教师在教学工作中自由展示才华,充分发挥潜能,因此,学校建立的激励机制要保障和谐、民主、积极向上的工作氛围,使不同的教师在最适合自身的岗位上尽情发挥其主动性、积极性与创造性。

最后,薪金待遇也是制约英语教学良性发展的重要因素。

美国心理学家斯塔西·亚当斯(J. Stacy Adams)认为,公平感是人类的一种基本需要,如果人们在与别人的比较中感到自己得到的报酬合理,就会获得公平感,就会对工作充满热情;反之,人们就会产生心理上的不平衡,降低对工作的积极性。高校教师激励机制必须确立向教学和科研第一线教师倾斜的原则,设计出一套教师的贡献、业绩与津贴对等的薪酬制度，使教师的创新劳动得到有效激励，使教师的积极性能够持续发挥。

**2. 满足教师的个体需求差异**

不同人会有不同的个体需求差异。高校教师作为一个高素质的特殊群体，更需要获得专业地位与个性上的尊重。在性别上，女性教师相对更为看重报酬，男性教师则更注重学校和自身的发展；在年龄上，20～30岁的教师自主意识比较强，对工作条件等各方面要求比较高，31～45岁的教师由于家庭等因素则比较安于现状，相对比较稳定；在文化上，较高学历的人会更注重自我价值的实现，学历较低的人首要注重的是自身的完善和学历的提高；在职务上，管理人员和一般教师需求也大不一样。

因此，激励机制不应从一而终，应根据个体差异采用多途径、多方法。适应新环境的教师激励机制应当是体现专业地位的个性激励机制。它承认教师的价值并为其构建一个向社会证实自身价值、追求生活意义和成功的平台，使教师拥有能够稳定获得所需信息并进行知识更新的渠道，这样才能产生更大、更有力的激励作用。

**3. 以正激励为主，负激励为辅**

（1）工作激励

工作本身具有激励力量。如果工作富有内在意义和挑战性就会给教师一种自我实现感。新的激励机制要有成功的工作设计，使工作内容丰富化、扩大化，使工作环境民主、温馨。可以创立教师与岗位双向选择制，由教师选择自己感兴趣的专业方向，管理者也可根据教师特长，把其放在最适合的位置上。

（2）参与激励

积极为教师提供展示的平台、参与的机会，既能激励教师，又能促进学校的发展。通过参与，教师对学校会形成归属感、认同感，进而满足其自尊和自我实现的需要。对积极参与管理、竞赛、创新的教师，不论成果如何，都要根据其精神和态度对其付出的努力进行物质奖励。这对调动教师积极性是非常奏效的。

（3）提升激励

20世纪80年代以来，英、美等国推行的发展性教师评价制度值得我们借鉴。它主张充分把握教师的心理需求，建立具有竞争性的人员流动机制，优化教师队伍的整体结构，提高教师队伍的整体素质。我们可以建立"能上能下"的动态管理制度，对表现好、素质高的教师给予充分的肯定，尽量根据其能力创造提升的机会，包括待遇、职位的提升；相反，对不能适应大学英语教育改革要求的教师给予一定的处罚，从而刺激他们加强学习。

（4）荣誉激励

荣誉是众人或组织对个体或群体的崇高评价，是满足人们自尊需要、激发人们奋力进取的重要手段。人人都有自我肯定、争取荣誉的需要。对工作表现突出、具有代表性的先进教师给予必要的荣誉是很好的精神激励法。荣誉激励虽成本低廉，但效果好。

（5）培训和发展机会激励

当今世界，信息化、数字化、网络化格局扑面而来。随着知识更新速度的不断加快和大学英语教学改革的不断深入，英语教师知识老化、知识结构不合理的现象日益突出。虽然教师在实践中能够不断丰富和积累知识，但通过证书考试、学习深造、培训交流等激励措施刺激教师学习将更为及时和有效。培训和发展机会不但为教师充实知识、培养能力提供了机会，而且满足了他们自我实现的需要。

# 第六章　高校复合型英语人才的培养

所谓复合型英语人才，指的是既有英语专业知识，又有深厚人文社科知识功底，同时还能掌握现代化先进技术的专业人才。高校在强调扩大专业学生知识面的同时，应同步加强培养学生对这些知识的实践运用能力。厚基础、宽口径、适应性强不应只停留在理论阶段，更应该在实践中使用，这样培养出来的学生才能成为社会所需要的人才。本章分为复合型人才概述、复合型英语人才培养模式、复合型英语人才培养路径三部分，主要包括复合型人才的定义、复合型人才的特征、复合型人才的分类、复合型人才的个体形象、培养复合型人才的理论依据、复合型英语人才培养模式的内涵、改革教学形式等内容。

## 第一节　复合型人才概述

### 一、复合型人才的定义

所谓"复合"，从字面意思理解就是两个或两个以上事物的结合。在某种程度上讲，复合就是一种新的变化。因为两个不同的事物结合在一起，往往就会成为一种新的结合体。而所谓复合型人才，一般指的是具有两个或两个以上专业基本知识和基本能力，能够从事本专业或与本专业相关的临近专业和边缘学科的人才。这种复合型人才有一个突出的特点，即具备多种专业技能，也就是说，即便不在其所属的特定领域，他们也能熟练地掌握此领域的知识与技能，并创造新的价值。如目前社会紧缺的注册安全工程师就是典型的复合型人才职业类型。

举例来说，要想成为一名注册安全工程师，就必须学习掌握安全生产法及相关法律知识、安全生产管理知识、安全生产技术和安全生产事故案例分析四门课程，掌握一定的安全知识、管理知识、安全法规和生产工程技术知识，并通过这四门课程的考试，这样才能取得注册资格证书。

复合型人才在某种程度上与我国目前推行的素质教育人才培养理念相吻合。所谓素质教育，是指一种以提高受教育者诸方面素质为目标的教育模式，它重视人的思想道德素质、能力培养、个性发展、身体健康和心理健康教育。

可见，复合型人才与素质教育在培养理念上是一致的，都是为了提高受教育者多个方面的能力与素质，从而促进受教育者多方面的发展，使人才的发展由专才教育向通才教育转变。

## 二、复合型人才的特征

### （一）整合性

整合性主要指复合型人才的素质。从现代人的素质构成看，素质已扩展到人的品质和人的社会品格领域。我们可以把复合型人才的素质理解为在先天禀赋的基础上通过教育和社会实践活动而发展形成的人的品质，即人的品德、智力、审美等方面的品质及其表现能力的系统整合。全面的综合素质是整合了人格素质、能力素质、专业素质、心理素质、健康素质、审美素质的综合统一体。复合型人才在生理、心理、社会文化层面的素质以及上述多种素质方面的表现都比较突出，在智商、情商两方面的综合指数也较高，尤其是具有丰富的想象力和创造性思维能力，善于及时而有效地把社会文化科技知识、社会行为规范、社会实践经验内化为自己的个性心理品质。

复合型人才具备把自己的事业与人类文明、社会进步整合为一体的人格素质和社会责任感；具有崇高的人生观和价值观；具有良好的知识结构和深厚的人文底蕴；具有自信、乐观、豁达、团结、不怕困难和挫折的良好心理素质。概括来说，复合型人才作为创新人才培养的类型，应该具备全面整合的综合素质。复合型人才不仅具有基础性、复合性的基本特征，在知识的把握方面还应朝多个方向延伸，力求拓展知识的广度与深度。此外，在学习途径上，复合型人才能够整合多种知识和能力的资源，建构"立交桥"模式，使课内与课外、辅导与自学、产学研相结合，达到立体交叉、学有所长、学以致用。

### （二）知能性

知能是人的认识能力和运用知识的实践能力的总和，是人才进行创新活动所必备的条件。认识能力又称智力，包括观察力、记忆力、思维力和想象力等因素；实践能力包括自学能力、研究能力、表达能力、组织管理能力、操作能力和创新能力等。复合型人才的知能结构是人才整体中不同知能因素的配合比例及其相互关系,其知能结构主要包括正确的世界观、博深扎实的基础知识、完备的专业知识以及相关学科知识、熟练的基本技能、较强的创新能力,以及知识、技能和能力的高层次协调等。这种知能结构以特定专业任务为依据,是由广博深厚的知识基础、协调发展的智力和能力以及个人素质有机结合的立体式、开放式的结构,是由知识结构、智力结构和素质结构组成的有机整体,它们之间相互联系、相互作用、相辅相成。

复合型人才的知识结构和能力结构具有多重整合的特点,这种整合不是多种知识和能力机械地简单相加,而是知识之间和能力之间的有机结合、相互渗透,达到融会贯通,形成各种知识、能力和素质的融合并发挥综合作用。这种整体性的知识、能力结构,既避免了专才的过窄,又避免了通才的过宽,既有较宽的基础知识和相关知识,又有较深的专业才能,因而更具创造性和适应性,是一种优化的知能结构。

### (三)开放性

复合型人才的开放性主要指其思维方面。复合型人才一般具有广泛的思维辐射,这种思维辐射是创新思维的主要成分和核心内容,是人类创新活动的主要源泉,是提高人创造性思维的关键。

复合型人才具有广泛的思维辐射,能够对某一问题,从不同的角度、不同的侧面去观察、思考、想象,寻找解决问题的多种方法、方案或者假说。他能打破墨守成规的思维模式,能用前所未有的新知觉去认识事物,提出新的创见,具有多向性和跨越性的优势,往往能为开拓提供新的机遇。

因此,高校要培养具有独立思考、锐意创新的人才,就必须重视辐射思维,努力提高其思维辐射的能力。复合型人才的思维方式主要呈发散型、多维型、非线性型,而且复合型人才学习兴趣广,善于从多角度、多方面、多层次探索,可以敏感地把握事物的内在联系和运动规律。

### (四)迁移性

认识迁移的过程是一个连续的过程。任何认识活动都是在已具有的知识、经验和认知结构的基础上进行的,简单地说,迁移就是一种学习对另一种学习的影响。另外,利用所学的技能、知识等解决问题的过程也是一种迁移的过程。解决问题就是人们运用已有的知识、经验对面临的问题情境进行分析,以发现问题的起始状态和结果之间的联系的过程。

问题解决过程的关键之一就是将已有的知识、经验具体运用到当前问题情境中,而问题的类化和已有知识、经验的具体化的过程也就是迁移的过程。因此,复合型人才复合的知识结构和智能结构有利于问题的解决。复合型人才在认识活动中善于联想和迁移,能够举一反三、触类旁通。他们善于抓住问题的关键点向周围搜寻和辐射,迅速认识和把握这一事物与其他事物的关系。

### (五)适应性

良好的社会适应性指一个人的外显行为和内在行为都能适应复杂的社会环境变化,能为他人所理解、为社会所接受。良好的社会适应性主要包括良好的个性——情绪稳定、性格温和、意志坚强、感情丰富、胸怀坦荡、豁达乐观;良好的处世能力——观察问题客观现实、具有较好的自控能力、能适应复杂的社会环境;良好的人际关系——助人为乐、与人为善、与他人关系良好。总之,较高的知能、对社会环境的适应以及愉快和谐的情绪是复合型人才良好的社会适应性体现。复合型人才在良好的处事能力方面具有较明显的优势,在多种社会实践或某种非常复杂的社会实践中能游刃有余,特别是在学科交叉、专业交叉的职业领域。

## 三、复合型人才的分类

根据复合的因素性质和数量的不同,以知识对象和应用岗位能力的分类为特征,可以把复合型人才大致分为以下几类。

### (一)文理复合型

文理复合是文理互补,文、理、工学科的相互渗透与结合。文理学科的相互渗透主要反映在人才本身的知识、人格与角色结构方面,就教育的学科专业教学而言,体现为知识内容、教学方法以及思维方式的相互融合、渗透。文理复合型人才是社会、经济、科技发展所需要的复合型人才。文理复合型的人才具有依据现代科学高度融合所形成的文理交叉的边缘学科知识背景;具有综合性的知识结构和解决问题的能力;具有坚强的意志、积极的情感和正确的价值观。

### (二)跨学科复合型

提倡各学科联合、实现跨学科复合是以人们对科学认识的不断深化、技术应用范围的不断扩大和学科的划分越来越细为背景的。在学科不断分化的同时,科学之间的相互联系、相互渗透也在日益增强，人们在分化的基础上对学科进行综合，经过综合又分化出新的学科。对许多研究对象来说，仅凭单一的或少数几个学科的研究难以取得成效，需要具有多学科知识体系，即跨学科的复合型人才进行联合研究。

在学科设置方面，应淡化学科划分，打破学科之间的壁垒，加强各学科之间关系的分析，模糊学科界限，挖掘共性，促进多学科的融合。多学科、多学派持不同学术观点的研究人员的思想相互碰撞，往往会产生新的联想和独到的见解，产生创新性科学理论与方法，催生富有生命力的新兴边缘学科。加强学科之间的整合，使学科与学科间相互交叉、相互渗透、相互融合、相互补充、以产生有机、柔性的结合，是跨学科复合的关键。

### （三）跨专业复合型

为适应学科不断分化与综合的趋势，专业的划分在不断调整。往往专业越分越细，专业数量越来越多，专业之间的知识渗透和联系也越为紧密。跨专业的复合型人才具有与本学科领域相邻或相近的专业知识背景，专业面较宽。这种复合是岗位本位的专业复合，增强了专业的适应性和融合性，能够更好地体现专业的优势，真正实现了跨专业的复合。因而，跨专业的复合型人才也是复合型人才的重要类型。

## 四、复合型人才的个体形象

### （一）两栖型人才

两栖型人才是涉足两个专业领域，能够在这些领域得心应手的复合型人才。如随着经济全球化的发展，一些国际型企业急欲招募既懂国际经济运作模式，又熟悉内地经济模式的高级经营管理人员。既懂得国际操作模式，又了解内地情况的两栖型人才，成为该类招聘的首选和主流，招聘岗位主要集中在金融证券、国际贸易、工商管理、人力资源等门类的经理级人才。

此外，我国目前正处于转型时期，各种问题错综复杂，需要一批既有较高理论水平又有较强应用研究能力的人才，调查、研究、解决当前出现的各种新问题。因此，集学者、专家于一身的两栖型人才，既能进行理论创新，又能从事应用研究，迎合了社会发展的需要。

## （二）管理型人才

管理型人才是某一部门、某一单位或组织的指挥者和组织者，对该部门、单位或组织的发展起着至关重要的作用。管理型人才主要具备的素质有：具有一定的哲学、经济学、管理学、现代科学、心理学、法学、社会学等方面的知识；在智力方面，具有敏锐的观察能力、逻辑思维与概括能力、创造开拓能力、应变能力、分析判断能力等；在组织管理方面，具有决策能力、组织能力、知人用人能力、合作共事能力、社交处事能力、演讲能力、写作能力、宣传能力等；在非智力因素方面，具有顽强的意志、事业心、进取心、自信心、全局观念等；在品德方面，是非观念强、大公无私、谦虚谨慎、有群众观点、以身作则、乐于助人等。从中可以看出，管理型人才本身就具有复合性，具有复合的知识结构、能力体系以及综合素质，具有总体协调及系统化管理的综合能力。

随着国际经贸交流越来越多，包括房地产建筑工程、交通建设工程、重大体育项目、政府拨款项目、培训项目、产品研发项目、娱乐项目、计算机系统开发项目等不计其数的工程管理项目，投资金额巨大，也直接关系着我国改革和建设的进程。若没有专业的管理人才进行系统的管理和调配，这些项目很可能会事倍功半。因而复合型管理人才在我国现代化建设中发挥着重要的作用。

## （三）创业型人才

"创业"一词，原指开拓、开创业绩和成就，最早见于《孟子·梁惠王下》中的"君子创业垂统，为可继也"；诸葛亮的《出师表》中也有述及——"先帝创业未半，而中道崩殂"。这两处的"创业"均指创立功业或基业，是广义的创业概念。我国《辞海》中对创业的定义为"创业，创立基业"，包括个人、集体、国家和社会的各项事业，也是广义的概念。

不过，目前人们所理解的创业一般指狭义的创业概念，即通过寻找和把握机遇创造出新颖产品或服务，并通过市场服务于人群，从而实现其经济价值和社会价值的过程。

由此可见，人们在寻找和把握机遇以及实现产品的经济价值和社会价值的过程中，需要的是开拓进取的精神，敢为人先，需要奠定事业基础的开创性和综合性，需要复合型的高素质人才。

创业型人才要具备复合型的高素质，在市场瞬息万变的激烈竞争中，抓住机遇，把握时机，随势应变，果敢决策，避险趋利，乘势而上。创业型人才是需要坚实底蕴的，即要有厚实的基础，包括思想基础和理论及专业基础。所谓思想基础，就是敢直面市场的变幻而毫无怯色；所谓理论基础就是理论功底扎实，把握市场的规律，能以不变应万变；所谓专业基础就是对行业规律及其技能的把握。三个基础是一个统一的整体，相互联系、相互促进，缺一不可。创业型人才的复合型就是指创业者集多功能、多才能、多技能于一身，能够在市场里随机应变。总之，厚基础的复合型人才，必然是高素质的人才，而且这种高素质必须是整体性、综合性的。

创业型人才除具备知识创新、科技创新的能力和素质外，还要兼有生产者、管理者、发明家和社会活动家角色所具有的能力和素质。创业型人才的基本素质包括四个方面的内容：创业意识、创业心理品质、创业能力和创业社会知识结构。

## 五、培养复合型人才的理论依据

### （一）人的全面发展理论

人的全面发展理论是高等教育培养适应时代需要的复合型人才的理论基石。在实现中华民族伟大复兴时期，复合型人才的培养必须与社会主义现代化建设结合起来，必须服务于社会经济的发展和建设，这样培养出来的复合型人才才能实现人的全面发展。

什么是人的全面发展？马克思认为，人的全面发展最根本的就是指人的劳动能力的全面发展，即人的智力和体力的充分、统一的发展；同时，也包括人的才能、志趣和道德品质的多方面发展。社会关系、个体素质和劳动能力等方面的发展是人的全面发展的内涵。劳动能力的全面发展（人的体力和智力的全面发展），是人的全面发展的基础。科学素质是人的全面发展的内在要求。人的本质是一切社会关系的总和，而社会关系的全面发展也是人的全面发展的必不可少的一部分。

马克思在说明人的全面发展理论时，特别提到了个人能力的全面性和个人需求的全面性，这对我国高等教育培养复合型人才具有指导意义。

### （二）素质教育理论

所谓"素质教育"，指的是一种以提高受教育者诸方面素质为目标的教育模式。它重视人的思想道德素质、能力培养、个性发展、身体健康和心理健康教育。

我国最早提出素质教育的概念是在1985年5月，邓小平同志在第一次全国教育工作会议上指出："我们国家，国力的强弱，经济发展后劲的大小，越来越取决于劳动者的素质,取决于知识分子的数量和质量。"同年发布的《中共中央关于教育体制改革的决定》中明确指出:"在整个教育体制改革过程中,必须牢牢记住改革的根本目的是提高民族素质,多出人才,出好人才。"这成为素质教育实践的思想源头。1999年,《中共中央、国务院关于深化教育改革全面推进素质教育的决定》推出后,我国开始了全面推进素质教育的改革,对人才的培养也更加注重综合素质和综合能力的提高。素质教育是一种全新的教育思想,包括更新教育观念、改革教育体制和构建新型的人才培养模式。

从教育学的角度出发,素质指的是一个人文化水平、身体的健康程度、惯性思维能力、洞察能力、管理能力、智商、情商等的综合体现。素质既包括人的天赋,也包括社会、教育和实践等后天教化的影响。因此,素质是个体先天品质与后天教育的融合体,是人综合素质的整体表现。从这一观念出发,知识、能力和素质是构成人才的基本要素。而对于高等教育来讲,人才素质包括思想道德素质、文化素质、专业素质、身心素质四个方面。如何根据素质教育的内涵来培养复合型人才,关键要注重以下三点。

①根据人才素质具有发展实践性的特点,在培养复合型人才的教育过程中,要改变过去重理工轻人文、重专业轻基础、重书本轻实践、重共性轻个性、重功利轻素质的状况,面向社会实际的需求,加强学生实践能力的锻炼。

②根据人才素质具有整体性的特点,在培养复合型人才的教育过程中,要改变过去只注重单一能力素质的培养的做法,提倡德、智、体、美、劳的全面发展,还要营造浓郁的校园文化氛围,使得个体在积极环境的影响之下,全面提高自身能力和素质。

③对于受教育者而言,知识、能力和素质是浑然一体的,因此高校在培养复合型人才的教育过程中,应格外注重知识的传授、能力及素质的提高,正确处理知识、素质、能力三者间的关系,培养既有深厚理论基础又有高文化素质的复合型人才。

### (三)基于"学习产出"的教育理论

基于"学习产出"的教育理论(OBE,Outcomes-based Education)是20世纪80年代末出现于澳大利亚和美国的教育理论。美国学者斯派蒂(Spady)在其撰写的《基于产出的教育模式:争议与答案》一书中对此理论进行了深入的研究。斯派蒂把"学习产出"教育理论定义为"清晰地聚焦和组织教育系统,使之围绕确保学生获得在未来生活中获得实质性成功的经验"。他提出,在"学习产出"

教育理论中最重要的是学生能学到什么和是否能够取得成功，而对过往教育理论中学生如何学习和何时学习则不注重。澳大利亚的教育部门将"学习产出"教育理论定义为"基于实现学生特定学习产出的教育过程"。

在"学习产出"教育理论中，教育结构和课程被视为手段而非目的。如果它们无法为培养学生特定能力做出贡献，它们就要被重建。学生产出驱动教育系统运行。澳大利亚的教育部长特克（Tucker）认为，OFE（Outcomes Focused Education）与"学习产出"教育理论的概念相同，因为无论是OFE还是"学习产出"教育理论，都是一个学习产出驱动整个课程活动和学生学习产出评价的结构与系统。虽然定义繁多，但其共性较为明显。在"学习产出"教育理论的教育系统中，教育者必须对学生毕业时应达到的能力及其水平有清楚的构想，然后寻求设计适宜的教育结构来保证学生达到这些预期目标。学生产出而非教科书或教师经验所驱动，这显然同传统上内容驱动和重视投入的教育形成了鲜明对比。从这个意义上说，"学习产出"教育理论可被认为是一种教育范式的革新。

"学习产出"教育理论的产生和发展是基于一些教育理论或教育思想的。学者马伦系统地总结了与"学习产出"教育理论起源紧密相关的教育运动和教育思想。一是泰勒运动。著名的泰勒原理（确定教育目标—选择教育经验—组织教育经验—评价教育经验）就是围绕"教育目标"这个核心展开课程设计的。二是布鲁姆的掌握学习理论。该理论认为，若能提供充裕的学习时间，绝大多数学习者都能达成学习目标。实际上，这构成了"学习产出"教育理论得以成立的支撑假设之一。"学习产出"教育理论在很多方面吸纳了掌握学习理论的特征：采用弹性的时间框架去实现教学目标；使用不同的资源去创设丰富的教育环境；使用形成性教学评价来反馈学习产出以改善教与学等。三是能力本位的职业教育（CBE，Competency Based Education）。它产生于第二次世界大战以后，以美国、加拿大为代表，主要应用于职业教育和技能培训。其要旨是通过学校聘请行业中一批专家组成专业委员会，按照岗位群的需要，层层分解以确定从事某一行业所应具备的能力。然后，由学校组织相关教学人员，以这些能力为目标，设置课程，组织教学内容，最后考核学生是否达到这些能力的要求。四是标准参照学习。标准参照测验并非为了选拔人才，而是了解学生掌握知识和能力的水平，使学生查漏补缺，让每个学生都能获得学业成就感。该理念受到了"学习产出"教育模式的青睐。

## 第二节　复合型英语人才培养模式

### 一、复合型英语人才培养模式的内涵

#### （一）素质教育是核心

新时期复合型人才的核心是素质教育。高校英语复合型人才培养应确保学生具备英语专业素质，加强对学生英语听、说、读、写、译等专业技能的训练，促进学生对英语知识的获取、内化和产出，完善学生的英语专业知识结构，进而提高学生思维能力、表达能力和理解能力。另外，高校英语复合型人才的培养还需要重视学生的身体素质和心理素质。

#### （二）基础教育是基石

基础教育包括专业教育和通识教育。一方面，高校通过专业教育，让学生掌握英语基础知识，从而让学生具备运用英语进行基本沟通的能力。比如，学生通过对基础英语的学习，具备了一定的英语词汇量，掌握了英语语法等知识。除基础的英语知识外，高校还需要拓展英语人才在英语方面的知识面，即在传统英语教育的基础上，对英语教学内容进行拓展和深化，从而使英语人才更好地具备宽口径，以适应未来职业道路的发展需要。

#### （三）技能培养是关键

复合型英语人才技能培养的目的是通过实际的应用实现学生对英语应用的理解，提高学生的综合文化素养，并提高学生在逻辑思维、思辨能力、讨论能力、应变能力等方面的综合素养。技能培养可以分为两个部分：一是理论知识，主要是英语专业人才在职业发展方面所需要的知识；二是实操能力，即英语专业人才专业发展中所需要的英语实践运用能力。

#### （四）实践是检验方式

新时期复合型人才培养的检验方式是学生实践，学生实践能够检验学生对英语知识的掌握情况和运用情况。并且，实践能够使学生运用英语知识交流、解决问题，深化学生对社会的接触与了解，满足社会对英语人才的要求。另外，

学生实践能够让学生将所学的英语知识运用在岗位工作中，提高学生的职业工作能力。

## 二、复合型英语人才培养模式的要素

### （一）目标要素

#### 1. 英语语用能力

拥有足够的外语知识和娴熟的语言技能是向世界传播中华文化的基础。因此，培养学生出色的语言综合能力是英语教育的首要任务，是学生必须具备的弘扬中华文化的核心能力。在开展英语教学的互动过程中，教师要力求体现这样的教学理念，牢记"文化使者"的使命，落实培养学生语言实际运用能力的要求，以"用英语讲好中国故事"为脉络，推进学生国际传播能力的建设，以展现真实的、立体的、全面的中国。

#### 2. 批判性思辨能力

大学英语是一门人文性的课程，其教学目标也包含学生批判性思辨能力的培养。在师生共同学习中国文化的过程中，教师可以把中华优秀传统文化和当下社会相结合来设计一些"语""思"融合的问题，培养学生独立思考、建构知识的能力；通过不同话题和模拟场景培养学生的思辨能力和文化交流传播能力；通过文化赏析引导学生博采众长、辨识良莠文化。

#### 3. 社会主义核心价值观

富强、民主、文明、和谐、自由、平等、公正、法治、爱国、敬业、诚信、友善，是大学英语课程思想政治教育的根本。教师在教学实践的过程中，应紧紧围绕社会主义核心价值观，深刻领会，精心备课，深入阐发中华文化良善、和睦、诚信、正理等核心思想理念，潜移默化地指导学生立身处世，引导学生成为有理想、有抱负的新一代复合型人才，让学生时时勤奋进取，天天修身反省，日日诚笃淳厚，筑牢人生观、世界观、价值观之基。

#### 4. 宽广的国际视野

现今我们培养的应当是国际化人才，学生只有具备了一定的国际化视野，才能用英语讲好中国故事、传播好中国声音。同时，高校英语课要与时俱进，关注课程定位：首先，在选定教材时要严格把关，确保该教材无意识形态问题；其次，教师在授课时要充分利用素材、案例等事实比对中外，引导学生抵御国外腐朽思想的侵蚀，既不崇洋媚外也不闭关自守，而是拥有宽广的国际化视野。

## （二）方法要素

### 1. 学习活动应以学生为主体

学习者的地位和作用是确定教育体系的性质、价值与最终目的的重要标准。复合型英语人才不但要有扎实的英语基本功，而且要有一门专业知识。无论是英语语言知识教学还是专业知识教学，教师都应以学生的身心发展规律为基础，根据学生的兴趣爱好和接受能力，组织相应的教学活动，在师生互动中使学生积极主动地接受、理解和内化所学的知识，从而提高学生学习的积极性、主动性和学习效率。

### 2. 学习方式应是接受与探究相结合

虽然传统的接受式学习方式能在短时间内向学生传输大量的知识，但是学生的被动接受可能使得学习变得枯燥乏味，从而降低学生的学习兴趣和学习效率。在教师的有效引导下学生积极主动地进行探究可以提高学生的学习兴趣和动机。二者的有机结合有利于弥补两种学习方式的不足，从而提高学习效率。无论是英语语言知识的学习还是其他专业知识的学习，都可以适当采用被动接受和主动探究相结合的方式进行。

### 3. 学习途径应是理论与实践相结合

复合型英语人才是实践性较强的应用型人才，因此，增加实践课程的总体比重，给学生更多在实践中使用所学的语言进行交流的机会和在实践中利用所学的专业知识去创造性解决实际问题的机会，有利于学生巩固所学知识、增加实践经验，提高学生的沟通能力和创造性解决问题的能力。

然而，在实践层面，国内高校复合型英语人才培养的实践在经历了近30年的探索之后，一些重点大学的复合方向纷纷脱离了英语专业母体，成为独立的专业或学院，毕业生也不再是复合型英语人才，而是其他专业人才，或是加强英语能力的其他专业人才。而许多地方高校的英语系依然保持着自己的复合型专业，如经贸英语、旅游英语、法律英语、新闻英语等。由于对复合型英语人才内涵和要素缺乏系统的分析和探讨，部分高校在人才培养实践中存在着一定的问题。

## 三、复合型英语人才培养模式存在的问题

### （一）课程设置不合理

课程设置的不合理会对人才培养质量带来不利影响。目前，很多高校的专业课程设置比较分散，并由不同院系的教师进行授课，教师之间缺乏沟通、交流，难以形成系统的课程体系。除专业课程设置不合理外，高校大学英语教学与英语专业存在同质化现象。大学英语被当成一门专业来进行教学，课程设置追求听、说、读、写、译这些基本功，重点培养学生的人文素养，没有考虑非英语专业学生的专业特性。

学者王嘉铭提出，复合型英语人才的专业课程应建立在以特殊用途英语课程为核心模式的课程体系基础上。教学目标要通过课程设置来表现，要保证英语复合型人才培养模式的顺利进行。高校应建设合理的、相互配合的课程群，使课程之间形成系统的整体，使每一门课程都有效地服务于复合型人才培养的系统工程。

### （二）教学环境存在局限性

首先，是教学内容上的局限。在进行英语教学时，教师主要以教材为主，单纯讲解教材知识。这种教学模式限制了学生的思维，并且教学内容过于单一，不能促使学生自觉了解英语文化。

其次，由于当前英语教学主要是按照教师思维开展，由教师单方向传授英语知识，因此学生在课堂上的英语交流受到局限。学生常常通过背诵单词、记忆语法的方式掌握教学内容，忽视了口语能力的训练。由于教师在课堂教学中没有为学生保留足够的交流空间，导致学生交流经验不足，这不利于学生英语能力的提升。

最后，英语教学受到教学设施的限制。大多数高校英语教学设备相对缺乏，使得创新的教学方法和模式无法有效实施，由此打击了学生学习的积极性。

### （三）缺乏优质师资和特色课程

首先，专门用途英语师资相对不足。复合型人才培养除夯实学生的听、说、读、写、译等英语技能和语言基础外，还需适时结合所复合的学科专业的基础知识，并融入人工智能、大数据、网络安全等科学技术知识。用英语教授此类知识课程对教师构成挑战。

其次，由于技术传播在国内尚未被确立为本科专业，技术写作、技术文档设计、技术翻译等课程师资极其匮乏。所以在师资培养、课程设置和资源建设上需大力扶持。

最后，由于特色课程起步晚，课程团队和课程群建设工作难以顺利开展。尤为突出的是专门用途英语课程群和技术传播课程群的建设，前者课程包括科技英语阅读与写作、科技英语视听说、科技英语文体学以及与之相关专业，如信息技术、信息科技翻译、翻译技术等；后者课程包括技术写作、技术翻译、在线网页设计、技术文档设计等。所以课程体系目前尚欠缺整体性、系统性。

### （四）英语内容较为单一

即使英语教育在教育中的作用越来越重要，并且被越来越多的人重视，但是受传统教学模式的影响，英语在教学内容方面上较为单一。教师在英语课堂教学内容中重视语言知识，如语法词汇以及阅读等，使得高校学生认为学习英语只是学习英语单词而已，根本不理解英语学习需要多方面的综合技能。同时，教师在英语课堂教学中忽视了英语实践，只重视让学生识记理论知识，并不关注学生的英语实践能力。此外，教师无法做到具体问题具体分析，根据学生的个性进行相关的教学。

英语教学唯分数论认为，只有成绩好的学生才是真的学好了英语。这不利于学生自信心的培养，会打击学生学习英语的积极性，不利于英语教学的发展。

### （五）教学水平有待提升

由于传统观念和应试教育的影响，教师对英语教学改革的理念认识不深，学习程度也不够。这会导致教师的教学内容不够深刻以及新颖，严重时还会导致课堂教学难以顺利进行。还有一些英语教师个人素质水平不高，无法正确地做到英语教学改革的要求，难以面对突发情况，灵活能力不强，无法顺利解决问题，无法起到先锋模范作用。同时，有些教师习惯墨守成规，按部就班地进行教学，没有创新思维，使英语课堂教学气氛沉闷，导致教学效率不高。

### （六）教学评价不够科学

很多高校教师在英语教学中仍采用试卷考试的方式对学生的英语学习进行评价，缺乏对学生的英语实践能力的考核和对学生综合能力的考核。具体来讲，这些高校并没有开展听力、跨文化交际、英语语言表达等项目考查，而将重点放在对教材中英语知识的考查上，导致学生能力得不到科学评价，严重阻碍复合型人才的培养。并且，有些高校在英语教学评价中以教师评价为主，然而教师评价受教师主观印象的影响较大，使得英语教学评价客观性不强。

### （七）英语实践教学基础较为薄弱

我国英语实践教学基础较为薄弱，缺少扎实、稳固的实践教学平台，大多仍倾向于语言理论知识和技能训练等领域。学生能够进行自我技能训练、综合能力训练的机会较少，即便一些学校设立了校企合作项目和基地，但也常因学分矛盾、课时矛盾、教师与岗位人才聘用矛盾、管理层认识矛盾、校企双方目标定位矛盾等难以高效推进实践教学的实施，难以发挥实际的教学效用，难以弥合与复合型人才培养目标之间的差距。

### （八）外教配置难以满足师生需求

很多高校现有的外教资源很匮乏，仅能勉强满足英语专业学生的需求，甚至有些外教的母语也并非英语。这不仅为传播跨文化教学内容带来难度，还会影响学生提高英语口语的交流水平。外教资源有限，使得大部分学生在校期间缺乏与外国人进行沟通的实操训练，导致学生在工作中遇到外国人时会出现交流焦虑和交流困难的问题。

## 第三节　复合型英语人才培养路径

### 一、改革教学形式

要想实现培养复合型人才的教学目标，教师需要尽快转变教学模式，将创新思维运用到教学模式建设中，这是推动高校英语教学全面发展的有效途径。教学模式改革的重点在于改变以往呆板的教学模式，致力于改革创新。例如，为了确保教学内容被每位学生所掌握，应在发挥教师引导作用的同时，注重优秀学生的带动作用。比如，教师可根据学生认知水平和知识基础，将学生分成多个小组，让学生以小组为单位参与到各项教学任务中，保证学生有足够的交流时间，使学生的疑问能在小组成员的讨论中得到解决。这不仅会活跃课堂氛围，而且能够提高学生学习的能动性。

另外，应改变以往以教师讲解为主的课堂模式。对于个别问题，教师可鼓励学生用英语表达出自己的想法，针对学生对知识的掌握程度适当调整教学计划，真正形成一个高效课堂。具体来说，教学模式改革能为复合型人才培养提供动力，为学生提供思维发展、能力锻炼的平台，以提高教学资源利用率，促进学生的全面发展。

## 二、合理设置英语教学目标

针对高校英语教学目标存在的问题，教师应合理设置英语教学目标，根据学生的英语学习水平和英语教学内容设置英语语言基础目标、文化知识和文化交际能力目标、跨学科专业知识目标、语言文化研究目标、人文素养培养目标等细分目标，形成完整的英语教学目标体系。高校英语教师要着重强调学生文化交际能力目标、人文素养目标和跨学科专业目标，让学生在英语专业学习的基础上强化文化交际，提高自身素养，树立跨学科观念和创新意识，以满足社会对复合型人才的要求。

## 三、确定科学的人才培养目标

首先，高校应根据本校的办学实际和社会需求状况制定科学合理的人才培养目标。高校在制定人才培养目标之前，应进行系统的社会调查，全面了解用人单位对人才在知识、技能和综合素质等方面的要求，并以社会调查为基础，以用人单位需求为导向，确定科学合理的人才培养目标体系，培养符合社会需求和用人单位期望的人才。高校应加强与用人单位的联系和沟通，随着用人单位需求的变化适当调整人才培养目标，并紧跟时代步伐，与时俱进，随着社会的发展变化进行相应的调整。

其次，人才培养目标应该是多层次、多维度的。知识和技能目标应该是人才培养目标中最为基础的两项。复合型英语人才要具备扎实的英语语言知识和较强的语言运用能力，同时具备一门专业知识和广阔的知识面。知识和技能只是学生未来在职场上进行专业发展的基础，为了让学生在未来有进一步的专业发展，必须培养学生较强的自我学习能力和不断追求进步、自我发展的能力。因此，自我学习和发展的能力应该是复合型英语人才培养目标的核心内容。所谓"授之以鱼，不如授之以渔"，教会学生如何学习、如何进行自我发展比仅仅简单传授知识更为重要。

再次，培养人才首先是培养"人"，其次才是培养"才"。因此，复合型英语人才培养目标设定的前提必须是将学生培养成"人"。人区别于动物的一大明显特征是人具备思想观念和道德品质，所以，培养学生较强的综合素质，如较高的综合人文素养、良好的职业道德、过硬的心理素质等应该成为复合型英语人才培养的首要目标。

最后，根据办学实际明确培养层次。中央到地方的各级各类学校应根据本校的办学实际和生源状况制定不同层次的培养目标，如中等职业学校、高等职业学校、普通高等院校、重点高等院校应把握好层次定位，根据学生的现有知识和能力水平提出不同程度的要求，避免培养目标千篇一律。无论是培养有国际视野的高端复合型英语人才，还是培养具有初步商务知识的普通复合型英语人才，都需要各个高校根据办学实际制定合理的培养目标。

## 四、构建复合应用型课程体系

课程体系是人才培养的核心，直接关系到人才培养的质量。根据"双学科、多技能"人才培养目标，高校英语专业课程体系的构建应该突出复合与应用两个特点，遵循理论适用、突出实践的原则，最终实现"就业能称职、在岗有能力、创新有基础、发展有后劲"。

具体来说，复合应用型课程体系的构建可由"通识类课程＋专业基础类课程＋专业模块课程＋选修课程"四大模块组成。通识类课程旨在培养学生思想政治素质、爱国主义情怀、创新创业意识、现代信息技能等综合素质。专业基础类课程旨在夯实学生英语语言基础知识与语言应用技能。专业模块课程是此课程体系的特色，也是培养学生语言服务能力的保障。高校可以开设去学术化的专业模块实践技能课程，使课程与职业资格证书对接，与岗位需求对接。同时高校还可以开设双语课程，既培养学生专业技能，又培养学生语言服务能力。选修课程是整个课程体系的补充和完善，优化开设选修课程内容及比例可以提升学生兴趣和职业竞争力，满足学生个性化发展需求。

## 五、加强现代化教学手段应用

在教学方法上，高校应努力探索适合复合型英语人才培养模式的方法。战略性新兴产业对技术创新要求较高，许多技术的讲解需通过具体的情境演示，因此英语人才培养需重视语言技能训练。为培养适合战略性新兴产业发展的复合型英语人才，应结合录音、录像和互联网等多媒体信息化教学手段，为学生提供良好的外界环境，激发学生的学习兴趣，提高教师教学水平，为学生打下良好的语言基础。同时可以建立并充分利用计算机辅助教学系统，共享优秀教学资源，为本校学生开发免费的公开课。学生也可以不受时空限制地通过网上学习，接触更多学科的优秀教学资源，丰富自身学识，提升自身素质。

## 六、提供多样化英语教学活动

高校可以开辟新思路、寻找新方法，更新课程体系，以应用为主构建新的课程体系。英语基础理论教学以应用为目的，以"必须、够用"为度；提供多样化英语教学活动，强化应用型英语教学的针对性和实用性。高校的课程设置可以摆脱统一教材的传统大学英语教学模式，也不必照搬本科院校公共英语教学模式。

因此，高校在英语课程设置中可以考虑地区经济的实际情况，开展有针对性的行业英语教学，例如，可以开设酒店英语、航空英语、旅游英语等课程来满足学生未来就业的需求。高校还可开设大学英语等级考试培训班，可以分为零基础班、专项训练班、突击冲刺班，来满足不同水平学生的实际需求。

## 七、完善复合型人才培养模式

人才培养模式是指高校在一定的教育思想和教育理念的指导下，根据人才培养的目标和质量标准，制订出的一套培养方案。我国复合型人才培养模式探索与实践经历了30多年的发展历程，实现了人才培养模式的多元化，其中主要有主辅修、双学位、跨学科选修、联合办学四种形式，积累了宝贵的经验，迎合了行业或市场对复合型人才的需求。

高校英语教学可以在借鉴以上经验的基础上，采取"英语＋专业方向＋多技能"的人才培养模式，做到"教学与实训""人文素养与职业技能""应用能力与创新能力"教育三结合，培养一批素质高、基础厚、能力强、具有一定职业实践经验与现代服务意识的复合应用型语言服务人才。

## 八、大力提升教师的专业素养

### （一）进行理论培训

要注重对教师进行培训，加强教师对新观念、新技术和新知识的认识，促进教师加快思想转变，让教师明确教学改革下教学内容和目的是什么。在课堂教学上，教师要关注学生的个性，激发学生英语方面的发展潜能；在教学内容上，教师要改变传统重理论知识的观念，注重综合性和实践性，从多方面的角度去研究教材，对教材内容进行实践化，使理论知识有实践的支撑，显得充实而丰富，从而激发学生学习英语的热情，促进教学改革在教育思想中的渗透。而理论培训可以使教师正确地转变自己的传统教学观念，树立正确的教育观、评价观、教育观和质量观。

## （二）转变课堂教学观念

教师进行英语课堂教学的时候，要注意教学思想的创新，注意引进先进的科学技术，如多媒体、视频等直观手段，激发学生的学习热情，营造活跃的课堂气氛，为高校英语教学提供新的发展可能性。教师课堂教学观念的转变，对学生的自由度和自主性帮助很大，有助于实现教师与学生在课堂中位置的转移，充分发挥学生的主动积极性，培养学生创新能力。

## （三）坚持学生的主体性地位

作为英语教育的主导者，教师要树立"一切为了每一位学生的发展"的教育理念，坚持学生的主体性地位。英语是一门实践性和综合性极强的课程，学生学习英语的最终目标是交流。所以教师在进行英语教学的时候，不能只把英语当作理论知识来教，而是要注重学生英语实践运用能力，不忽视听力与口语的训练，促进学生全面发展。不管是理论知识还是实践知识，其主导者都是学生。所以发挥学生的主观能动性和主体性作用，激发学生的学习激情，是英语课堂教学的重中之重。

## （四）培养"专业—英语"的专业复合型人才

上海外国语大学胡开宝教授指出："复合型人才是指具有两种或两种以上学科知识、能力和素养的人才，其中一门学科为主，其他学科为辅。复合型培养模式指教学大纲设计和课程设置实现两种或两种以上学科知识的交叉和融合，旨在培养复合型人才。"这也是新时代英语的发展要求。英语教学要注重英语专业知识和技能的培养，促进认知和实践的有机结合，增强英语教育的综合性；促进学生的全面发展，提高学生的英语实践能力，激发学生对英语的兴趣，提高学生的英语专业素养。

## 九、加强复合型师资队伍建设

教师在学生的培养过程中起着根本性的主导作用。要想培养复合型英语人才，就要有复合型的教师队伍，即教师必须具有广博的知识和较强的实践能力。而目前高校英语教师在语言应用能力水平上较高，但是普遍存在知识结构单一、缺乏学科间的交叉和融合知识的问题，不能满足学生对某一专业知识的需求，当然也就无法满足当前社会对复合型英语人才的需求。高校对此可采取以下措施。

①实行教师进修制度，建立健全教师培训机制。开展院系合作，鼓励教师进行多学科交叉进修或者采用攻读学位等形式进行培养；派语言类教师学习其他相关专业课程，或派相关专业教师学习语言类课程；还可以利用假期给教师提供实践机会，鼓励英语教师提高自身的素质，调整和丰富自身的专业结构。

②引进一些高学历的、有实践经验的复合型教师。引进实践经验丰富的相关专业课教师，从外校聘请所需要的复合型人才以及复合型外籍专家，或开展多种形式的活动来建设复合型师资队伍。

③定期聘请一些相关部门的优秀人才到学校担任兼职教师。采取讲座等灵活多样的方式来引导学生了解行业发展的前沿动向。通过这种"走出去、引进来"的策略，完善并充实师资队伍，改善教师队伍的知识结构，建设一支人员精干、素质优良、专兼结合、知识结构合理的复合型师资队伍，从而进一步促进复合型专业的课程建设及教学质量的提高。

# 第七章 "外语+技术传播"复合型人才培养实现途径

结合国内的科技传播市场需求,技术传播学的教学比较偏向面向大众的科技类话题,要求学生能够怀疑并辨别科技信息真假,还要能够利用技术传播的方法达到较好的科技传播(科学普及)效果,同时重视和优化"外语+技术传播"复合型人才的培养方法和途径。本章分为技术传播概述、技术传播教学的新目标、"外语+技术传播"课程的设计与实施三部分,主要包括技术传播的概念、新时代技术传播学教学关注的新目标、"外语+技术传播"课程的设计等内容。

## 第一节 技术传播概述

### 一、技术传播的概念

当人们面对一个具有普遍性特征并涉及复杂对象的基础概念时,给出一个具有足够概括性和科学性的基本定义是必要的,但又是相当困难的。技术传播恰恰就是这样的一个概念。作为人类社会一种极具普遍性的传播现象,技术传播具有多样化的特征,例如,人们在讨论一些有关技术传播的现象时,经常使用的术语就有"技术转移""技术转让""技术引进""技术扩散""技术推广"等。

在笔者对照比较了科学和技术、科学的传播和技术的传播,并对技术及其传播有了一些初步理解之后,作为一个初步的尝试,这里给"技术传播"这样一个定义:技术传播是指通过特定渠道在社会系统内扩散转移技术以促进和实现技术共享和用户采用的过程。

对这一定义,笔者需做进一步的解释。首先,技术传播中的技术涉及两类基本知识:专业性知识及操作性知识。技术具有复杂的构成成分,包含多种基本要

## 第七章 "外语+技术传播"复合型人才培养实现途径

素,它与科学密切相关,又与机器设备紧密相连,但最重要的是包含于其中的专业性知识和操作性知识。

专业性知识蕴藏在技术的内部,包含着相关的科学知识。正是由于专业性知识在技术中的运用,技术才具有了特定的技术价值,才能在应用中实现特定的技术功能。例如,核电技术利用了原子物理学的知识,包含着控制原子核裂变的方法;克隆技术利用了基因学的知识,包含着控制基因融合的方法。这些知识在技术传播过程中加以扩散转移,被用户吸收学习,服务于用户。专业性知识是技术得以实现的"内部知识"。

操作性知识可被看作技术的"外部知识",因为它们不涉及技术的内在机理,只涉及技术的操作和使用。操作性知识是操作和使用一项技术以获得其功能的知识,体现为用户使用技术时所用的那些操作方法、程序、技能等。对于许多非专业技术用户来说,他们未必熟悉那些与技术相关的内部知识,但通过熟悉操作性知识,技术对他们来说就是一个"黑箱",给予一定指令,它就可以输出某种结果。譬如,一个电脑用户可能并不了解软硬件中包含的电子、信息、通信知识,但他知道按照特定步骤和指令操作软硬件,就可以计算数据、处理文本、享受音乐等。这种使用技术的知识就是一种操作性知识。

这两类知识的转移扩散都要仰赖技术传播的过程。专业性知识的获取和学习可以使用户了解技术的细节,掌握其中的原理。专业性知识的获取对组织用户(例如企业)来说具有重要意义,组织用户可以利用专业性知识的学习提升自身的技术能力,并以这种技术能力为基础进行技术的应用与创新。对操作性知识的获取和学习可以使用户知道如何操作使用某一项技术,但这种学习并不能让用户掌握技术的细节与原理,所以用户的技术能力也不会由此而得到有效提升。操作性知识的扩散价值是促进用户使用技术。在面向消费者的技术传播中,操作性知识的有效传播至关重要。

其次,技术传播是知识驱动的过程,通过知识的外部化、社会化、共享化,实现用户对技术的学习和采用。技术知识与科学知识一样,在最初都属于一种"私人知识",仅存在于某个特定的个人头脑中或某个特定的社会组织中。技术传播必须首先通过传播过程促进技术知识的外部化、社会化,然后才能为其他人和其他社会组织所共享,并实现技术的转移和扩散,促进用户对技术的采用和使用。转移和扩散技术是技术传播的基本特征,促进用户对技术的学习和采用是技术传播的基本目标。

技术知识包含着人们对自然规律的利用，具有特定的实用功能和使用价值。技术应用可以提高实践的效率，降低实践的成本，获得更好的实践成果，帮助人们更有效率地改造和利用实践对象，给使用者带来多种甚至是巨大的收益。人类发展技术是为了找到更多有效利用自然规律的方法，应用技术是为了获得更多更大的实际收益，而传播技术则是为了让技术在社会范围内得以扩散转移，以使技术得到更普遍的应用。因此，技术传播的基本目标是促进用户对技术的学习和采用。

技术的应用可以分为两种不同的情况：一种是社会组织对技术的应用，另一种是个人对技术的使用。前者是社会组织（如公司企业、政府机构等）将技术应用于自身的生产、管理、服务中，而后者则是作为技术产品消费者的个人对技术的采用和利用。这两种应用在使用技术的方式上是有区别的，相应的传播过程也会各有特点，但最终都要立足于促进技术的学习和应用。如果说一个传播过程仅满足于帮助人们了解技术动态、理解技术本性、欣赏技术成就，那它本身可能不是技术传播，而是科学传播或公众理解科学的过程。

最后，技术传播面向的对象是具有特定身份的技术用户，而不是普通的社会公众。但科学传播不同，科学传播面向的对象是普通的社会公众或公众群体以及与科学有关的机构团体。

科学传播的目的是促进公众理解科学、参与科学事务以及社会的科学对话，强调的核心理念是"平等""参与""对话"，即世界科学大会所倡导的"人人有权参与科学事业"。之所以有时还要特别说到"在工业界和政府担当要职的人员""从事管理和商务活动的人士"，也不是因为他们有多么特殊的身份和地位，而是因为他们是可以在公众理解科学、公众参与科学对话中起特殊作用的公众群体。因此，科学传播实际上是面向全体公众的一种公共传播。

技术传播面对的对象却具有特定的身份，这种特定身份就是他们都是技术的实际用户或潜在用户，可以将他们统称为"技术用户"，包括社会组织、组织成员、社会个体等。

当技术传播得以启动的时候，技术传播的传播者往往有着相当明确而具体的传播目标，那就是利用特定的传播渠道和一切可能的传播手段，促使这些技术用户最终采用其技术，成为技术的实际用户。在这一点上，技术传播与科学传播是有差别的。科学传播同样也可以将技术作为其传播的内容，但其目的可能是帮助人们了解技术动态、理解技术本性、欣赏技术成就、分析技术的社会效果等。

## 第七章 "外语+技术传播"复合型人才培养实现途径

在科学传播的范围内,技术可以成为一个理解和欣赏的对象,也可以成为批判和分析的对象。但在技术传播的范围内,技术是一个可供应用和使用的对象。面向公司企业、政府部门的技术传播通常是为了使某项技术被这些组织应用于生产与服务中;面向组织成员的技术传播通常是为了让组织成员掌握某项技术;而面向社会个体的技术传播通常是为了让这些社会个体转变为实际用户。

### 二、技术传播的形态

从传播学的角度看,技术传播的基本要素主要包括传播者、受众和传播途径。从受众的角度看,技术传播可以分为面向技术机构的传播和面向技术个体的传播,具体又可细分为四种基本形态:社会组织之间的技术传播、社会组织内部的技术传播、面向用户群体的技术传播和社会个体之间的技术传播。每一种形态的技术传播渠道各不相同。

社会组织之间的技术传播发生于两个或多个社会组织之间,属于组织传播的一部分,包括公司企业、政府机构、大学组织、科研院所在内的社会组织是当代社会结构中最为重要的一类技术供给者和技术需求者,是社会技术传播网络最重要的参与主体。社会组织之间技术传播的主要渠道是技术转移。在现实生活中,技术转移的具体形式是多种多样的,包括技术转让、技术引进、技术并购、技术投资、技术服务、技术援助、专利购买、研发外包、许可证贸易、交钥匙工程等。

社会组织内部的技术传播发生于社会组织内部,是组织内部部门、团队、成员之间交流、分享技术知识与经验的过程。组织内部的技术传播促进技术在组织内部不同部门、不同团队、不同成员之间进行转移和扩散。社会组织内部技术传播的主要渠道是技术学习,这里的技术学习主要是指组织内部的技术学习;当某个组织获得某项新技术,不论这项技术从外部获得,还是从内部产生,使用技术的组织成员,只要不是亲自参与创造这项技术,都需要通过学习掌握该项技术。

面向用户群体的技术传播发生于新技术、新产品、新服务进行市场和社会推广的阶段,最典型的莫过于高新技术企业为推广新技术、新产品而面向市场用户开展的各类传播活动,通常与整合传播营销活动结合在一起。面向用户群体的技术传播的主要渠道是技术创新扩散,即技术从某个特定的组织向其他组织用户和市场上的消费者扩散,以便扩展技术应用的范畴,使技术产品为更多的消费者所使用。其特点是面对的用户对象数量大、分散化。

社会个体之间的技术传播最主要的类型是发生于消费者群体之内、消费者之间就新技术和新产品交换和传递信息的交流活动。技术信息的人际交流是社会个体之间技术传播的主要渠道，它使社会个体了解相关技术，提高社会个体的技术素质，使社会个体获得使用技术产品的必要知识与技能。

需要指出的是，虽然从理论上可以把技术传播分为上述四种类型，但无论是社会组织之间的技术传播、社会组织内部的技术传播，还是面向用户群体的技术传播、社会个体之间的技术传播，其传播过程都离不开作为技术主体的人，都必须通过作为技术主体的人的学习来实现。不仅社会组织内部的技术传播是通过个体的技术学习来实现的，社会组织之间的技术传播、面向用户群体的技术传播和社会个体之间的技术传播最终都是通过个体的技术学习来实现的。

对社会组织之间的技术传播而言，不论哪种技术转移的形式，都需要技术接受方的技术学习；对面向用户群体的技术传播而言，用户群体要成为新技术、新产品的使用者，需要技术学习；对社会个体之间的技术传播而言，用户要获得使用技术产品的必要知识与技能同样需要技术学习。这些技术学习最终都是个体的技术学习，尽管学习的难易程度有很大的差别。

从传播者和传播方式的角度看，技术传播又可以分为无组织的技术传播和有组织的技术传播。无组织的技术传播是民间自发的技术传播，这种自发的技术传播可能是一个机构内部的个体之间的学习交流，也可能是社会个体之间的技术传播。在传统社会中，无组织的技术传播居于主导地位，而在现代社会中，有组织的技术传播居于主导地位。有组织的技术传播又可以分为政府组织的技术传播和非政府组织的技术传播。政府组织的技术传播一般不以营利为目的，如我国的农业技术推广，就是一种典型的政府组织的技术传播；而非政府组织的技术传播则一般以营利为目的，如企业之间的技术传播。

从技术来源的角度看，技术传播又可以分为本土技术的传播和外来技术的传播。所谓本土技术是指根源于同一社会文化环境的技术，外来技术则是相对于本土技术而言的，它源自不同的社会文化环境。本土技术的传播是在相同的文化环境下进行的，而外来技术的传播则是在不同的文化背景中进行的。从技术与社会的关联上看，本土技术的传播与外来技术的传播在传播模式上有着明显的区别。

由于本土技术本身是社会系统的组成部分，在本土技术的传播过程中，技术的输出者和接受者都受同一社会文化传统的影响，技术接受者对新技术相对容易认同和接纳。因而，社会系统对本土技术传播的反映比较温和，本土技术的传播对社会系统的影响是一种渐进的过程。

外来技术本身不是社会系统的组成部分，外来技术传播是从一种社会系统流入另一种社会系统，所以技术的输出者和接受者受不同社会文化传统的影响，存在着文化上的差异。社会系统对外来技术传播的反应相对比较强烈，社会系统的行动层次、制度层次、规范层次和价值层次与外来技术都有可能产生冲突。冲突的结果可能是社会系统不能将外来技术纳入自己的体系，外来技术不被接纳；也可能是社会系统与外来技术都做出一些调整而达到相容，最终外来技术被接纳。因此，外来技术的传播对社会系统的影响不同于本土技术的传播对社会系统的影响，明确这一点对于研究技术传播无疑非常重要。

### 三、技术传播的范畴

一般而言，以下学科皆属于技术传播范畴。

第一，技术写作。这是技术传播最主要、最常见的一种传播方式。其实质可理解为将复杂的内容简单化，令专业的技术信息能够被特定读者理解和接受。技术写作涵盖一切传递技术信息的文本类型和文本格式，包括技术报告、操作手册、商品目录、各种说明书等。

第二，技术编辑。属于质量控制工作，除了保证行文清晰流畅，语言具有说服力之外，主要关注文档的技术内容，确保技术信息清楚、准确，能为读者所理解，能够处理印刷、电子、视频脚本等各种格式的材料。

第三，技术插图。依靠 2D 或 3D 图像将所要传递的信息内容或过程可视化，直观准确地呈现给读者。一般分为手绘和计算机辅助设计系统两种绘制方法。

第四，翻译／本地化。翻译／本地化即在另一种不同的语言文化环境下对客户提供的产品或服务项目的语言材料、程序、包装方案、用户界面等进行翻译和改编设计，以适应特定国家和地域的市场需求的过程。

第五，信息／文档设计。为满足用户实现某一特定目的的需求而定义、规划、塑造信息内容，使之便于用户访问和使用，包括文本文档、数据、图片等信息的设计等。

### 四、技术传播的模式

技术传播之所以复杂，是因为即使对于同一家企业，每一次技术引进的条件和环境也往往各不相同，再加上技术本身的特点可能相差很大，导致参与技术传播的各方互动的方式和结果就可能不同。因此，要归纳出一个具有普适性的技术转让模式几乎是不可能的。最常见的传播情形是点对点模式和扩散模式。

从相关文献看，学者对点对点模式和扩散模式的区分多源自他们所属的不同学科背景所导致的研究视角的不同，而非概念上的区分。例如，对经济学家而言，国际间的技术转让就可以用点对点分析模式，而国家则成为分析的单元，即"点"。相反，社会学家、市场营销人员则关注特定社会系统中一群人的行为，即一种创新技术从一个点（技术拥有者）传播或扩散到众多的接受者的现象和规律。这就是扩散。

### （一）区分技术传播模式的意义

对所进行的技术传播进行定位，有利于技术开发商从一开始就对其目标用户的期望和要求、整个研究开发和技术推广过程中各环节的资源分配以及选择合适的技术推广负责人和传播策略有明确的考虑，从而使技术开发更贴近用户，提高技术开发和传播的成功率。而对于用户来说，对技术传播情形的这种自觉同样有助于他们更好地理解他们所涉及的技术传播过程的一般规律，从而对有关活动和结果有更合理的预期。

这种区分还具有学术上的意义。因为确定的模式不同，意味着选取不同的分析变量。因此，通过对技术转让具体情形的区分，我们可以对学术文献中的有关研究进行梳理，从而得到有累积价值的社会科学知识。

### （二）技术传播模式的区分尺度

把技术传播区分为点对点和扩散这两种基本的模式的尺度是作为特定技术的目标用户的数量。技术的目标用户或潜在采用者越少，技术转让的情形就越接近于纯粹的点对点模式。理论上极端的情形是完全为特定客户量身定制的专门技术或创新。与此相反的情形就是扩散，即某一技术或工具面向数量众多的潜在用户。

每一模式又可以根据技术的应用或功能的多少进一步加以区分。绝大多数技术可能不止有一种功能（应用），即可用以完成不同任务。如手机，除了通讯，还有接收信息、游戏、工作日历等众多功能。

就技术产品的功能而言，一种极端的情况是，所有的用户对特定技术的使用都一样，即技术只有唯一的功用；而另外一个极端则是，从事不同职业的用户用同样的技术产品去处理截然不同的工作，如计算机，有人主要用来打字处理文档，

# 第七章 "外语+技术传播"复合型人才培养实现途径

有人用它来做设计（如工程设计、图像设计、动画创作等），也有人主要用它来上网，作为浏览互联网的窗口。由此，我们在考察技术传播时，就有了第二个尺度：技术功能的多少。我们用技术跨度来指称技术传播的目标用户数量，用技术范围来指称技术的不同应用的可能数量。两者结合，就得到一个两维四象限的技术传播模式细分图。

### 1. 点对点模式

当一组单一的技术专家把所开发的技术转让给另外一个单一的目标群，技术转让的模式就是点对点的。在技术开发四个阶段中，从基础研究到应用研究，以及从应用研究到工程化，一般都是点对点模式。

一旦新技术产品研制成功（工程化的结果），下一步的技术转让就既可能是点对点，也可能是扩散的。大致说来，专用的投资巨大的新技术产品的转让往往是点对点的，如新式军用飞机的订单或专用车床等，基本上都是有专门的特定用户的。

与此相反，有些新技术产品面向范围广泛的目标用户，如计算机辅助设计工具或工程检测软件等。许多行业的设计制造部门都是其潜在用户，其技术的转让往往就通过扩散这种模式。

### 2. 扩散模式

创新扩散研究"某种创新技术通过一定的传播渠道，在一个特定的社会系统的成员间随时间传播的现象和规律"。创新扩散有时被比作"传染"，以强调其横向传播或成员间相互影响的重要性。

事实上，在创新扩散中，我们可以把一种创新技术的首次传入视为垂直传播，因为它发生在一个群体（如技术开发者）和另一个群体（如目标用户）之间；而此后的扩散作用就包括两部分，一部分仍然是垂直传播的结果，另外一部分则是目标用户间的相互影响，有点像"接触传染"的仿效，我们称之为"水平扩散"或"水平传播"。

扩散模式多用以描述技术在特定社会系统（如某一市场、某一社区等）中的传播。这种社会系统的特点是组织较为松散（或没有有形的正规组织），个体的自主性相对较大，因此和组织内的传播情形有所区别。在后一种情形下，技术的扩散与采用可以借助组织和行政的手段来提高其效率，并非完全是潜在用户（如企业员工）的自主决策过程。事实上，一项创新技术在行业中的扩散，通常包括上述两个阶段，即技术首先为企业决策者所接受，然后企业决策者调动组织资源在企业内部推行这项新技术。

在上述模型中，第一层次的技术传播即技术从技术拥有者向产业中有关企业的决策者的传播，属于传统创新扩散的研究情形，这时的个体或分析单元是企业的决策者，如企业有关负责人。他们本身可能不是这项技术的直接使用者，但他们肩负企业技术引进的决策任务。他们的决策行为类似于松散社会系统中成员的自主决策过程；他们是技术拥有者的直接目标用户（非技术的最终用户）。技术拥有者唯有说服他们采用自己的技术，才可能使技术在产业中真正得到推广和扩散。

一旦企业决策者决定引进某项技术，该技术在组织内的推广使用就进入组织内技术扩散过程。由于是在组织的环境下，组织的配套设施、行政设置、奖惩体系都会对整个的组织内部扩散产生重要影响。所以，这一层次的技术传播具有与此前的层次不同的特点。

比较以上点对点的模式和扩散模式，本书对两者的主要特点做出总结，具体内容如表 7-1 所示。

表 7-1　两类基本技术传播模式的特点比较

|  | 点对点 | 扩散 |
| --- | --- | --- |
| 组织跨度 | 窄 | 宽 |
| 地理跨度 | 窄 | 宽 |
| 设计中所反映的用户代表性 | 具体而真实的反映 | 刻板印象（对用户特点的总的概括性认知） |
| 技术客户化程度 | 高度客户化（专门性） | 标准化（非为单一特定用户） |
| 传播模式 | 协商谈判 | 市场推销 |

# 第二节　技术传播教学的目标

## 一、技术传播学的核心教学目标

技术传播学的教学内容随着社会环境和产业环境的变化一直在发生着改变，从最开始为了提升工程师社会地位和工作沟通能力开设的工程英语课程，到为了提升工程师职业沟通能力而开设的技术写作课程，再到后来的技术传播课程，并逐渐融入包括联机文档、可用性工程、人机交互等内容。在此过程中，培养技术传播者的核心教育目标并没有发生太大的变化。

塔夫茨大学的萨穆埃尔·钱德勒·厄尔（Samuel Chandler Earl）教授在20世纪初提出了技术写作课程需要培养学生的四种能力：将抽象思想转变为文字的能力；描述一项不在眼前的物体的能力；针对不同读者写作的能力；在写作中充分并清晰地阐述概念的能力。他同时指出了两项重要因素：一是如何将概念翻译成文字，二是如何理解文章的目标读者。这个教学目标的框架直到今天依然是技术传播教学实践中的核心目标的一部分。

此外，技术传播学教学目标还应包括学生说服目标受众的能力的培养。根据技术传播在维基百科中的描述，可以发现，只有在受众做决定或采取行动时，技术传播中的信息才会发挥作用。技术传播的说服功能很强，大量的古典修辞学（Classical Rhetoric）内容存在于技术传播学的教学内容中。古典修辞学的说服要素主要包括三个方面，分别为逻辑诉求、情感诉求以及人品诉求，通过掌握这三大要素，学生可以掌握面对不同受众时的说服能力。

技术传播学教学的另一个目标就是如何理解受众。因为只有理解受众，才能更好地说服受众。在技术传播学的教学中，移情能力是学生需要掌握的重要能力之一，也就是说，学生应该学会设身处地地理解他人的感受。通过学习不同场景下（包括求职、论文写作与答辩、演讲、商业洽谈、申请出国留学等）的方法，如角色扮演、情境讨论、体验分享、情绪追忆等，学生要努力去针对不同场景中不同用户的特点进行理解，进而选择合适的技术传播技能。

综上所述，技术传播学的核心教学目标是培养学生掌握以说服为核心目的的、针对各类受众表达专业信息的能力。

## 二、新媒体时代技术传播学教学的新目标

新媒体时代出现了大量的新产品，用户行为和习惯也发生了较大的变化，技术信息的传播渠道也得到了极大的扩展，甚至主渠道都发生了变化。用户（包括专业用户和消费者）获取技术信息的渠道已经不再仅有专业性的文档（如产品说明书、用户手册及其他商业文件），新媒体渠道也成了一种方式。

根据相关学者的调查，以宝洁公司的技术传播部门为例，该部门已经开始更多地关注社交媒体的信息技术传播，并且与市场营销部门和公共关系部门紧密配合，在广告和营销活动中采用更新的新媒体手段植入技术信息。这种变化要求技

术传播教学增加对新媒体技术（包括人机交互技术）和可用性工程（包括以用户为中心的设计方法）的教学。

学生需要在技术传播课程上掌握新媒体技术的概念和一些实用方法。新媒体技术是以互联网技术、移动互联网技术和多媒体技术为基础的一些技术。在技术传播课程上，一般受课时限制，教师无法给予学生大量的技术教学和实践，但可以帮助学生加强对新媒体技术概念的理解，让学生通过案例了解各种新媒体技术的应用方法，培养学生在技术传播实践中设计新媒体技术使用方案的能力。

新媒体时代的技术传播产出物需要充分利用，因此学生还需要在易读性的基础扩展易用性，即运用可用性工程相关方法。可用性工程是工程学中的内容，目前已经广泛应用到各种产品的设计、生产、销售和服务中。可用性工程主要包括可用性设计和可用性测试两方面。学生无法在课堂教学中掌握过于复杂的可用性工程知识，但可以在技术传播产品的创造过程中掌握"以用户为中心"的思维方式，并有意识地运用初步的一些可用性测试方法（如焦点小组、观察法等）对技术传播产品进行优化。

## 第三节 "外语+技术传播"课程的设计与实施

### 一、"外语+技术传播"课程的设计

"外语+技术传播"课程主要面向外语专业的本科生。课程目标为：①帮助学生掌握实用外语文体的写作方法；②培养学生的职业素养。该课程设计思路基于课程的实用性原则，沿课堂教学和课外实践两条主线进行。一方面，学生在课堂上学习如何进行不同的外语文体的写作；另一方面，学生将课堂所学应用到真实的课外项目中。学生以小组为单位完成项目，从真实项目执行中培养团队合作、沟通、组织、分析和解决问题的能力，同时提高计算机应用能力。

教学设计共从五个阶段展开。第一阶段（第1至3周）为市场调研；第二阶段（第4至5周）为指定计划；第三阶段（第6至10周）为项目执行；第四阶段（第11至14周）为人物塑造；第五阶段（第15至17周）为验收总结。

在这五个阶段中课堂学习和课外项目的设计环环相扣。如进入第三阶段项目执行期，为保证项目顺利进行，沟通十分重要，开会必不可少。沟通包括组内成员之间、成员与企业导师及教师的沟通。所以学生在课堂上学习的撰写会议记录

方法，会立即应用到课后的项目中。而学生提交的会议记录既可反映他们是否掌握了写作方法，又可体现他们的实际项目进展。

在第一至第三阶段，学生任务均以小组为单位完成，以锻炼他们的团队合作、领导、沟通组织等能力。从第四阶段起，学生任务全部以个人为单位完成，以培养他们的独立工作和思辨能力。这种既有团队合作又有个人独立完成的学习和工作方式旨在让学生意识到，无论是在课堂上还是在实际项目中，职业素质的构成不仅包含团队合作能力，而且包含独自完成任务的能力。

## 二、"外语+技术传播"课程的实施方案

课后实践项目通常是学生针对某个产品或服务的生命周期为用户创建相关的信息产品。考虑到学习该课程的学生的年级、专业跨度可能会比较大，而且可能有第一次接触技术传播项目的学生，教师和企业导师在学期初会携手引导学生进行头脑风暴或画思维导图等来确定项目的选题，通常会选择可操作性比较强又实用的项目，这样既有助于学生学习到相关技能、了解企业项目运转模式，又能使该项目具备一定的挑战性。选题完成后教师和企业导师指导学生对项目开展的应用场景（如竞争者）进行调研分析，勾勒出用户画像，再进行项目总体规划并设定时间节点。

接下去以用户为中心进行内容布局和开发，拆解分配任务给组员，让组员进行部分内容的文档写作。写作需要遵循技术写作的语言特点，所以组员之间要保持沟通、统一术语、进行协作写作，以保证风格一致。内容写作完成之后，学生要利用视觉设计工具对文档进行优化，直至项目产品的最终发布。

技术传播项目产品的发布形式可以多样化。产品的传统呈现形式是纸质文档；在大数据时代，也逐渐采用为智能时代的交互式屏幕显示而创建的HTML文档、网页、在线帮助等软件或网络内容，或者是用于智能手机或平板电脑的多媒体文档或移动应用程序等的"移动文档"；还可以是产品的营销策划包以及会议组织策划包等。

此类课程的课堂教学和课后实践始终相辅相成、环环相扣，将培养学生的专业能力、技术写作能力以及职业素质等方面交织在一起。

# 第八章 "外语+技术传播"复合型人才培养模式

为响应深化教育体制改革的号召，复合型人才培养模式应顺应信息时代的变化，分析高校和市场供需之间的矛盾，积极进行变革和创新。高校英语教学应该依托学校已有的信息科学特色和优势，引入技术传播理念，突显技术特色，探索"语言+技术+实践"的复合型人才培养模式。

本章分为理工科高校"外语+技术传播"复合型人才培养模式、"外语++"复合型语言服务人才培养模式、技术传播助推高校新文科外语专业发展模式三部分，主要包括理工科高校"外语+技术传播"复合型人才培养模式研究背景、理工科高校"外语+技术传播"复合型人才培养模式存在的问题、"外语+信息技术+技术传播"人才培养新理念等内容。

## 第一节 理工科高校"外语+技术传播"复合型人才培养模式

重庆邮电大学外语专业是小而特、教风学风优良的专业，学生就业率和深造率高。该校外语专业一直采用"外语++"复合型人才培养模式，不断开启创新人才培养之路。在此以重庆邮电大学为例深入探讨"外语+技术传播"复合型人才的培养。

### 一、理工科高校"外语+技术传播"复合型人才培养模式研究背景

一是国家"双一流"高校建设和学校关于"一流"学科的建设方案为创新外语学科专业培养模式指明了道路与方向。2018年，为贯彻落实党的十九大精神，

## 第八章 "外语+技术传播"复合型人才培养模式

加快高校"双一流"建设，教育部、财政部、国家发展改革委联合制定了《关于高等学校加快"双一流"建设的指导意见》，其中，第一条（总体要求）第五点"形成高水平人才培养体系"中明确提出建立"突出特色优势，完善切合办学定位、互相支撑发展的学科体系"。同年9月，重庆邮电大学出台有关"一流"学科的建设方案，将学校学科专业定位描述为"充分发挥信息通信学科的特色和优势，注重交叉融合，建设'一流学科、重点学科、基础支撑学科和交叉特色学科'为一体的学科体系……"。可见，一方面，重庆邮电大学的外语学科专业在学校范围内要充分发挥好基础支撑作用；另一方面，外语专业的建设与自身发展需依托学校优势学科专业，走交叉特色学科专业发展之路。

近年来，随着信息技术行业的迅猛发展，信息通信等优势学科的专业人才需求量增加，本科毕业生就业前景好，起薪高，相关专业的招生规模不断扩大。与此相反，外语专业招生困难，毕业生起薪低（2019年位列全校倒数第二），招生规模不断缩小（2019年为48人），新生调剂比例高（2019年约50%）。此前，由于重庆邮电大学外语学科专业发展严重滞后，对高水平师资的吸引力持续降低，学院招聘的教师主要集中在硕士研究生层次（约27人），占现有专任教师队伍总数的比例高达1/3。外语专业的生存和学院的发展面临巨大的挑战，也在一定程度上波及大学外语的建设与发展。

抛开诸多主客观不利因素，思考专业的培养模式创新是当务之急。该校外语专业只有围绕学校主干、优势和特色学科搭建学科群，与学校发展方向和特色相结合，才能峰回路转，才能与大学外语一道形成合力，共同支撑学校"一流"学科专业建设。

综上所述，结合国家"双一流"高校战略部署、该校"一流"学科建设方案以及专业目前的状况，创新外语专业的人才培养模式是国家"双一流"高校战略背景下该校"一流"学科专业建设之需。

二是国家对新文科建设提出的新要求和新目标，即推进学科交叉、融合，以培养应用型、复合型、专业拔尖人才，为"外语+技术传播"复合型语言服务人才培养提供了机遇。随着"六卓越一拔尖"计划2.0的正式启动和实施，新文科建设引起了社会广泛关注。全面推进新文科建设，提高高校服务社会经济发展的能力成为高校新的研究方向。

随着互联网和人工智能的高速发展，社会需要更多高素质的复合型人才。2019年2月中共中央、国务院印发了《中国教育现代化2035》，提出了面向教育现代化的十大战略任务，其中第六条要求高校"及时调整学科专业结构，加强创新人才特别是拔尖创新人才的培养，加大应用型、复合型、技术技能型人才培养比重"。

此外，《国家中长期教育改革和发展规划纲要（2010—2020年）》指出："深化教育体制改革，关键是更新教育观念，核心是改革人才培养体制，目的是提高人才培养水平。"人才培养模式的变革是改革教育体制和教育方式的必然选择。

新文科建设强调新的办学制度、新的评价体系和新的学科和专业布局，推进学科交叉、融合，以培养专业拔尖人才为目标。科学技术的高速发展、新兴交叉学科的涌现、人文和科学技术之间的相互渗透和融合、社会的信息化，以及知识和信息传播技术的日新月异加剧了世界各国文化的交流、碰撞和合作。因此，新文科建设大背景为外语专业人才培养模式的转型与创新创造了良机。

三是传统的外语人才培养模式存在弊端："千校一面"、人才培养脱离行业和社会需求、专业发展受挫。以英语专业为例，根据教育部发布的《中国大学毕业生就业报告》，英语专业多次被列为黄牌和红牌专业，其专业发展和人才培养遭遇瓶颈。究其原因在于，一些高校千篇一律地照搬外国语大学或者是综合性大学外国语学院的传统模式，没有从"校本位"的角度去定位专业发展和人才培养目标，导致出现"千校一面"的状况。专业同质化现象严重，其结果必然导致外语专业和社会需求脱钩，学生就业专业相关度低，毕业生起薪低。

专业的设置必须与社会需求直接相关。主管学科专业设置的教育部高教司司长吴岩强调："高校专业设置的第一准则是社会需求，这是王道。"然而，目前多数高校按照传统模式培养外语专业学生，结果脱离了社会需求，造成学生就业难、毕业生严重过剩的现象。

目前，国家和社会最紧缺的是能够用英语在新工科、智能制造、计算机通信、人工智能、大数据、医科、农科等科技领域从事研究和工作的复合型语言服务人才。对理工科高校的外语专业来说，这是一个培养模式转型的良机。创新人才培养模式，将外语专业与新工科、农科和医科等自然学科有机融合，比单一的传统模式有更大的发展空间。

四是复合型人才培养模式通过开设技术传播类课程，一方面可避免专业和社会需求脱离的现象，另一方面能实现外语专业与校本优势专业学科的有机交叉和全面渗透，从而满足新技术的快速发展对语言服务人才的需求。

目前，多数高校的外语专业逐渐认识到复合型人才培养的重要性，但多采

## 第八章 "外语+技术传播"复合型人才培养模式

用"外语+其他专业"的简单复合模式,未能深度融合,导致专业根基不稳、四不像,多数毕业生不能在学校优势学科专业所在的领域实习和就业。以重庆邮电大学为例,信息通信类课程在该校英语专业、翻译专业2012版培养方案中有一定的比例,一定程度上体现了人才培养的复合性。但遗憾的是,重庆邮电大学2019届英语、翻译专业毕业生就业去向表明,从事信息传输、软件和信息技术服务的毕业生还不到1/3,毕业生并未大面积就职于信息通信相关领域。相关情况如表8-1所示。

表8-1 重庆邮电大学英语、翻译专业2019届毕业生就业行业流向统计表

| 序号 | 单位行业 | 就业人数 | 占就业人数比例 |
| --- | --- | --- | --- |
| 1 | 信息传输、软件和信息技术服务业 | 12 | 32.43% |
| 2 | 教育 | 11 | 29.73% |
| 3 | 文化、体育和娱乐业 | 6 | 16.21% |
| 4 | 交通运输、仓储和邮政业 | 3 | 8.11% |
| 5 | 批发和零售业 | 2 | 5.41% |
| 6 | 其他自主创业、灵活就业 | 2 | 5.41% |
| 7 | 制造业 | 1 | 2.70% |
| 8 | 总计 | 37 | 100% |

究其原因,外语专业要真正转型为复合型、应用型和技能型专业,只是简单进行"外语+其他专业"的简单复合还远远不够。目前,高校外语专业的人才培养模式普遍存在的问题就是"两张皮"现象严重。融入技术传播后的"外语+其他专业"复合型人才培养模式,能做到面向行业的有机深度融合,是一种新型的、真正与社会需求相结合的培养模式。早在20世纪末,技术传播就在技术发达国家作为应用型专业在大学中开设。技术传播专业的相关课程(系列)主要研究技术性产品和服务相关的信息及其表述、传递、展示、效果等,内容涉及法律法规、标准规范、技术写作、文化习惯、营销宣传诸多方面。技术传播工作通常形成的是产品说明书、设计文件、技术文档、维修保养手册、宣传资料、咨询解读等,能广泛运用于各行各业中,对以理工科学科专业为主的高校外语专业来说,尤为适用。技术传播系列课程的介入,能架起外语和学校优

势学科专业之间有机交叉和深度融合的桥梁，培养出来的学生才能胜任面向行业的语言服务工作。

五是"外语+技术传播"人才培养模式将革新传统的语言服务人才培养模式，具有非常好的市场潜在价值。掌握信息技术、懂得技术翻译的外语人才有良好的职业前景。以翻译专业的市场需求为例，一项对欧洲的翻译市场（包括雇佣在职技术翻译人员的大型公司，普通翻译公司和自由译者）进行的调查报告在结论部分写道：在大多数欧洲国家，翻译人员认为他们在学校所学到的东西不足以胜任实际工作；在自由翻译者群体中，有两种极端情况，一部分人遵循"尽可能少的信息技术"原则，而另一部分人实际上能够使用各种新技术，而后者的经济收入更高。

"外语+技术传播"复合型人才培养模式可以为中国企业及其产品走出去、提升"中国制造"内涵有所贡献。中国作为"一带一路"倡议的发起者和重要建设者，应对语言功能早做安排与规划。以国际通用语英语为例，英语不仅在东南亚具有强大影响力，还在中亚具有一定的影响力，在国际金融、世界贸易、科学研究和高等教育等领域都占有绝对主导地位。现阶段，包括翻译服务、本地化服务在内的语言服务工作在"互联网+"背景下出现新需求，如对机器翻译技术与工具的运用、企业技术文档设计等新内容的语言服务。可见，诸多领域需要既懂外语又懂技术且深谙技术文档设计与写作的语言服务人才。

随着外语专业教育水平的提高，以及社会对复合型人才需求的激增，融创新、复合、应用的人才培养为一体的"外语+技术传播"人才培养模式前景会越来越好。语言服务人才真正跳出"人文学科小天地"，以国家利益为重，才能为国家战略的实现做出更大的贡献。

## 二、理工科高校"外语+技术传播"复合型人才培养模式存在的问题

①改变纯语言、纯文学的人才培养模式，实现教育思想和教育观念的转变尚需时日。教育思想和教育观念的转变一方面需要教师改变本身的理念，优化和革新知识结构和研究兴趣；另一方面，教师需花费大量的时间和精力学习新专业和新知识。早在1998年，教育部就发布了《关于外语专业面向21世纪本科教育改革的若干意见》，指出"教育思想和教育观念的转变是教育改革的先导，改革是必然的趋势，不改变，我国的外语专业教学就没有出路"。这就要求教

## 第八章 "外语+技术传播"复合型人才培养模式

师根据国家、社会和学生的需要调整和升级知识结构，根据社会需要开辟新的领域，要求教师潜心学习和研究新工科、信息通信技术（ICT）行业、大数据、人工智能等学科的理论知识是如何用外语进行构建和传播的。教师理念的改变已成为培养国家所需要的复合型人才的关键。由于社会对外语人才的需求已呈多元化的趋势，市场对单纯语言文学专业毕业生的需求量正逐渐减少。因此，外语专业必须从单科的"经院式"人才培养模式转向宽口径、应用型、复合型人才培养模式。

②缺乏优质师资和成熟的特色课程团队和课程群。首先，专门用途英语师资相对不足。复合型人才培养除夯实听、说、读、写、译等传统英语技能和语言基础外，还需适时结合所复合的学科专业的基础知识，加强人工智能、大数据、网络安全等科学技术知识学习，用外语教授此类知识课程，这对教师带来了巨大的挑战。其次，由于技术传播在国内尚未被确立为本科专业，技术写作、技术文档设计、技术翻译等课程的师资极其匮乏。所以技术传播在师资培养、课程设置和资源建设上需大力扶持。此外，由于特色课程起步晚，课程团队和课程群建设工作难以顺利开展。尤为突出的是专门用途英语课程群和技术传播课程群的建设，前者包括科技英语阅读与写作、科技英语视听说等；后者包括技术写作、技术翻译、在线网页设计等。

③技术传播课程开设门数少，产教融合不够，本科生尚不能胜任技术传播岗位（实习）工作。实习实践是"外语+技术传播"语言服务人才培养体系中的重要一环，在构建培养体系时应予以高度重视。由于开设的技术传播课程门数较少，加上产教融合不够，所以学生掌握的相关知识不牢、能力不足，无法胜任技术传播岗位的（实习）工作。

前些年，除翻译专业研究生外，重庆邮电大学外语专业本科学生尚无一人成功进入华为成都研究所、上海诺基亚贝尔等本硕共享的实习基地从事技术写作、技术翻译等实习工作。在现行人才培养体系下，学习了3～4年的英语或翻译专业本科生，即使达到英语专业八级水平，因对通信、计算机专业了解甚少，不懂技术翻译、技术文档编译、技术谈判等基础知识，所以从事语言服务相关（实习）工作的机会变得非常渺茫。懂英语、会翻译已经不能满足当今经济、科技全球化的社会和市场的需要。

## 三、理工科高校"外语+技术传播"复合型人才培养模式存在问题的解决方法

第一，在培养方案中增加技术传播系列课程。除英语技术写作外，增加技术文档设计、技术翻译等重要课程。

第二，组建以"技术写作—信息通信技术翻译—技术传播—技术文档设计"为主线的技术传播与技术翻译课程群，进一步打造特色课程团队，编写特色课程的教材。课程群架构图如图 8-1 所示。

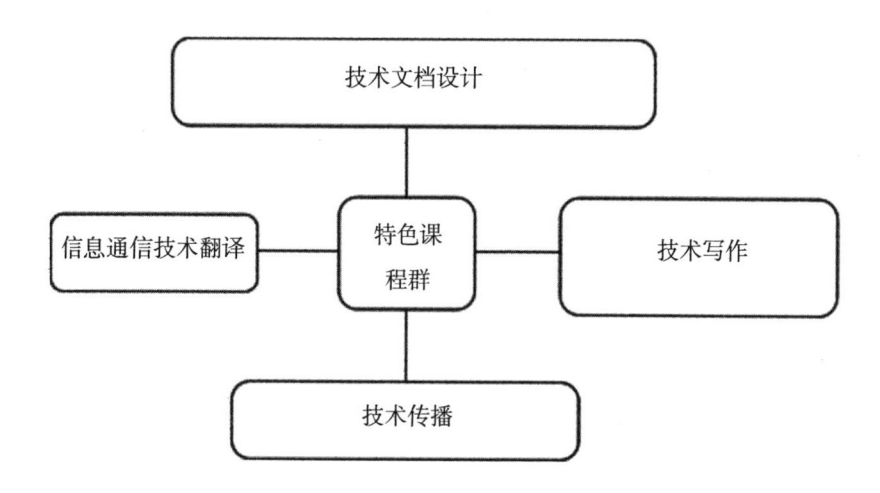

图 8-1　课程群架构图

第三，深化产教融合，破除外语人才供给侧和产业需求侧"两张皮"现象。以重庆邮电大学为例。除华为公司、上海诺基亚贝尔等名企外，该校计划与微软、英特尔等国际高科技企业展开合作，建立实习基地，实现校企协同育人。同时，该校计划邀请行业专家针对本科生开设线上和线下培训课程，提供技术传播实习岗位，共同培养"外语+技术传播"复合型语言服务人才。

第四，以信息科技翻译的应用与实践、技术翻译和中国高端技术对外传播、国外先进技术的介绍引进为主攻方向，坚持"人员交叉、资源共享、开放流动、需求导向"的原则，积极寻求与相关高校、政府部门、科研机构合作，整合相关学科资源优势与人才优势，深入开展信息科技翻译、技术翻译、技术传播工作的实践应用和理论研究。

第五，通过加强国内外培训与进修，如技术传播工作坊活动、参加相关会议、资助教师出国培训等，打造一支高素质技术传播师资队伍。

## 第二节　技术传播助推
## 高校新文科外语专业发展模式

技术信息的传播不仅仅是将语言准确翻译，还要考虑信息是否有效地传递给了用户，这就需要考虑用户的需求乃至他们的阅读习惯和文化等，这也是语言学和翻译学专业当前需要面对的问题。因此，技术传播教育在外语学院落地生根，也适应了外语专业改革的需求。在经济全球化和中国企业"走出去"的大趋势下，技术传播将发挥越来越大的作用。技术传播过程涉及语言翻译、心理学、信息科技等各个方面，亟待与多学科跨界开展技术传播教育和研究。一方面，技术传播教育本身具有交叉融合的特点，是目前我国新文科建设的需要；另一方面，技术传播能力是全球治理人才必备能力之一，为外语专业转型提供了新方向。所以，培养技术传播语言服务人才将助力中国全面参与全球治理。

### 一、"外语＋信息技术＋技术传播"人才培养新理念

我国高校尤其行业特色高校的外语专业，由于没有从国家和社会需求以及"校本位"的角度去定位外语专业发展和人才培养目标，使得人才培养和社会需求脱钩，导致千校一面和专业同质化现象严重。

技术传播主要研究技术性产品和服务相关的信息及其表述、传递、展示、效果等，内容涉及法律法规、标准规范、技术写作、文化习惯、营销宣传诸多方面，能广泛运用于各行各业中，对行业特色高校的外语专业尤为适用。可见，技术传播已成为架起外语和学校优势学科专业之间有机交叉和深度融合的桥梁，面向行业输送语言服务人才。

### 二、"外语＋信息技术＋技术传播"的新文科外语专业的优势

高校专业设置需满足社会需求。然而，目前多数高校的外语专业的人才培养因脱离了社会需求，造成就业难、毕业生严重过剩的现象。新文科是教育领域应对外语学科危机的产物。国家和社会目前最紧缺的是能用外语在新工科、智能制造、计算机通信、人工智能、大数据等科技领域从事研究和工作的复合型语言服务人才。

然而，实践证明，"外语+其他专业"的简单复合模式，未能深度融合，导致专业根基不稳；由于技术传播融通文理、文工，本身具有交叉学科专业的特点，采用"外语+优势学科专业+技术传播"复合型人才培养方式，一方面可避免专业和社会需求脱离的现象，另一方面能实现外语专业与校本优势专业学科的有机交叉和全面渗透，从而让新技术的快速发展满足语言服务人才的需求。

## 三、重点开展技术传播融入新文科外语专业建设的理论研究实践

### （一）外语人才培养与技术传播教育的内涵以及关系研究

在技术传播领域，通行的国际标准实质上就是少数发达国家的国家标准。如何通过信息技术传递中国声音，制定中国标准，进而影响国际标准，是中国外语人才必须思考的一大问题。技术传播语言服务人才一方面应具备信息技术知识、素养、能力，另一方面应具有宽广的国际视野和跨文化沟通能力。技术传播融入外语专业人才培养，对促进高等学校的信息化建设、提高外语专业学生的信息化素养和高校的国际化水平、培养全球治理型人才，以及中国参与全球治理进而逐渐建立全球治理中的话语权，意义重大。

### （二）中国外语教育中的技术传播理论研究

全球治理范式的转变要求高校人才培养模式做出回应，以实现全球善治。我国高等学校作为培养国际化人才的主阵地，需要强调全球治理型人才在全球治理中的作用，促成全球治理上升新层次。高校应通过对比中西高等教育学相关理论和中西方的实践，结合中国高校外语教育的发展规划和目标，构建全球治理视域下支撑中国外语教育事业的技术传播教育理论。

### （三）中国外语人才的技术传播能力体系建构

技术传播能力的构建是中国技术传播教育与高校外语教育有机融合的关键。目前，国内学者已意识到，随着我国参与和推动全球治理新格局的战略发展，新时代国家外语能力建设面临范式转型的任务。

不可否认，外语能力是跨文化技术传播中的一个重要内容，但除此之外，信息设计能力、应急语言服务能力、新闻宣传用语、图表应用、本地化与翻译能力

等技术传播知识、能力、素质要求也极其重要。技术传播教育和外语教育融合的交集主要在本地化编译、技术写作及内容管理等方面。

### （四）技术传播语言服务人才培养模式和培养方案制订与优化

高校应围绕新文科外语专业人才所需的知识、能力、素质要求及实现路径，研究技术传播语言服务人才培养的模式，如产教融合、国际合作、导师制等；深入研究"外语＋＋"前后的逻辑、复合与融合、技术素养和人文素养以及产与学这几对关系；制订并优化包括培养目标、培养方式、培养标准、课程体系等在内的科学合理的培养方案。

# 参 考 文 献

［1］丁丽红，韩强. 当代大学英语教学的认知研究［M］. 北京：中国书籍出版社，2018.

［2］肖婷. 多元文化与英语教学［M］. 天津：天津科学技术出版社，2017.

［3］闫洪勇. 大学英语教学与教师专业发展研究［M］. 西安：西安交通大学出版社，2017.

［4］崇斌，田忠山. 新时期大学英语教学研究［M］. 成都：电子科技大学出版社，2017.

［5］张美玲. 中西文化认同与外语教学范式研究［M］. 长春：吉林大学出版社，2017.

［6］曹倩瑜. 英语教学理论与教学法［M］. 西安：西安交通大学出版社，2017.

［7］贺华. 英语理论与英语教学研究［M］. 成都：电子科技大学出版社，2017.

［8］张敏，王大平，杨桂秋. 英语教学改革与创新研究［M］. 北京：九州出版社，2018.

［9］李荣华，郭锋，高亚妮. 当代英语教学理论发展与实践研究［M］. 上海：上海交通大学出版社，2018.

［10］李国金. 大学英语教学基础理论及改革探索［M］. 北京：北京理工大学出版社，2018.

［11］鲁巧巧. 跨文化教育视域下的英语教学改革探究［M］. 沈阳：辽宁大学出版社，2019.

［12］王淑花. 大学英语教学模式改革与发展研究［M］. 北京：知识产权出版社，2018.

［13］薛燕. 基于教学改革的大学英语教学实践［M］. 延吉：延边大学出版社，2018.

［14］黄儒. 大学英语教学模式研究［M］. 哈尔滨：黑龙江教育出版社，2018.

［15］刘梅，彭慧，仝丹. 多元文化理念与英语教学研究［M］. 延吉：延边大学出版社，2018.

［16］黄娟. 英语教学理论体系建构与实际应用研究［M］. 长春：吉林人民出版社，2019.

［17］郑丹，张春利，刘新莲. 当代大学英语教学体系建构与实践研究［M］. 北京：中国纺织出版社，2019.

［18］程亚品. "互联网+"时代下信息技术与英语教学的深度融合［M］. 天津：天津科学技术出版社，2019.

［19］潘英慧，李红梅. 基于微课的大学英语教学模式分析与研究［M］. 长春：吉林科学技术出版社，2020.

［20］赵常花. 媒体融合视角下的大学英语教学理论与实践研究［M］. 北京：企业管理出版社，2020.

［21］郭鸿雁，周震. 新时代外语教学改革：理论与实践探索［M］. 银川：宁夏人民教育出版社，2020.

［22］孙琳. 大学英语教学设计与有效教学［M］. 长春：吉林大学出版社，2020.

［23］刘曲. 以经济全球化和复合型人才培养为导向谈大学英语教学改革［J］. 中国乡镇企业会计，2015（11）：271-272.

［24］秦洺佳. 基于高校专业英语教学现状的改革策略设想［J］. 海外英语，2015（08）：84-85.

［25］宋艳. "一带一路"背景下高职院校英语教学改革探索［J］. 创新创业理论研究与实践，2018（23）：28-29.

［26］李晓燕. 高职复合型人才培养现状分析与英语教学模式探讨［J］. 济南职业学院学报，2018（02）：39-40.

［27］胡丽丽，舒晓斌. 英语专业复合型人才培养目标内涵及课程设置研究［J］. 英语广场，2018（08）：126-127.

［28］林景英. 基于人才复合型发展的高校英语教学模式创新探讨［J］. 校园英语，2019（46）：10-11.

［29］邓夏，张稚敏. 复合型英语人才培养路径研究［J］. 校园英语，2020（47）：14-15.